手にとるようにわかる

Companies
Act

# 会社法入門

企業法務のプロが書いた!

弁護士

## 川井信之

かんき出版

本書の内容は、2021年1月1日現在施行されている法令に基づいています。ただし、令和元年会社法改正、およびそれに伴う会社法施行規則、会社計算規則の改正内容を含みます。

# ● はじめに

　会社という組織は、今の私たちの社会に、なくてはならない存在です。「会社法」は、そうした会社や、会社を取りまく関係者の利害を調整するための法律ですが、会社法のルールや知識は、現代社会では、日常生活やビジネスなど、世の中のさまざまな場面で非常に役に立つ重要なものであり、時にはそれを知っておくことが必要不可欠な場合もあるものになっています。

　本書は、会社法の基本的な内容を、短時間で理解していただくための入門書です。本書は、会社の経営者、法務担当者、ビジネスパーソン、起業を考えている方、会社法の勉強を始めようとする方など、幅広い方々を対象としています。

　本書では、法律のことは全く知らない人でも理解できるように、できる限り平易にわかりやすく説明することを心がけました。たとえば、難しい法律用語は、可能な限りわかりやすい別の言葉に言い換え、また、初めて登場する言葉にはその定義や意味を記載し、さらに、条文番号を記載することは全て省略しました。

　また、著者である私は、企業法務や会社法に関する仕事に多く携わる弁護士ですので、こうした私の普段の実務経験を踏まえた内容やコメントも、なるべくたくさん盛り込むようにしました。

　本書が、多くの皆様にとってお役に立つ書籍となれば幸いです。

2021 年 1 月

弁護士　川井 信之

# PART1　会社とは、会社法とは何だろう

# PART2　株式会社はどうやって設立するのだろう

# PART3　株式のルールを知っておこう

## PART4　会社を構成する機関とは何だろう

# PART5　会社の計算について知っておこう

# PART6 会社はどうやって資金調達するのだろう

# PART7 M&A、組織再編のポイントをおさえよう

● 装丁デザイン：渡辺弘之（渡辺弘之デザイン事務所）
● 装画：染谷ユリ
● 本文デザイン・図版：船津朝子
● DTP：ニッタプリントサービス

# PART1

# 会社とは、
# 会社法とは何だろう

# 会社とは何だろう

会社とは「営利社団法人」であり、
株式会社と持分会社がある

## ● 会社とは

本書は、会社法のルールを解説する書籍ですが、まず最初に、そもそも「会社」とは何か、について説明したいと思います。

「会社」とは、事業を行うための組織の形態の1つであり、法律的には、**「営利を目的とする社団法人」**のことをいいます。

## ● 会社の特徴～「営利」「社団」「法人」とは何か

では、「営利を目的とする社団法人」（営利社団法人）とは何でしょうか。「営利」・「社団」・「法人」の3つに分けて考えてみましょう。

まず、**「営利」**とは、事業活動によって利益を上げ、その利益を構成員に分配することをいいます。法人の中には、たとえば「公益社団法人」のように、利益を構成員に分配することが予定されていないものもありますが、会社では、事業によって上げた利益を構成員（株式会社の場合には、株主）に分配することがその目的となっています。

次に、**「社団」**とは、その意味について争いはありますが、通常は、「人の集まり（団体）」という意味です。「社団」に対する概念としては「財団」がありますが、これは「財産の集まり（集合体）」という意味です。

# 会社とは

## 営利を目的とする社団法人

- **営利** 利益を上げ、その利益を構成員に分配すること
- **社団** 人の集まり（団体） ※財団は財産の集まり（集合体）
- **法人** 法人自身の名義で権利を持ち、義務を負うことができるもの

　最後に**「法人」**とは、その構成員の個人の名義ではなく、その法人自身の名義で権利を有し、義務を負うことができるもののことをいいます。会社法上、会社は、必ず法人でなければなりません。このことを、会社は**法人格**を持つ、ということもあります。他方、法人の全てが会社であるわけではなく、「財団法人」や、「営利社団法人以外の社団法人」など、会社以外の法人というものも存在します。

　なお、「法人」である、ということは、**個人や個人の集合体である場合と比べて、法律関係の処理が簡明になる**、という大きなメリットがあります。

　たとえば、ある法人が第三者と取引をする場合には、その法人の構成員それぞれと第三者との間の法律関係を考える必要はなく、法人と第三者との法律関係だけを考えればよいからです。

　このように、法人は、構成員が多い場合には法律関係を簡明にするために非常に便利な仕組みであり、営利社団法人、すなわち会社という組織形態は、複数人が構成員となって共同で事業を行うのに適した形態なのです。

## ● 会社の種類～株式会社と持分会社

　会社法には、**株式会社**、**合名会社**、**合資会社**、および**合同会社**の、4つの種類の会社が認められています。このうち、合名会社、合資会社および合同会社は、**持分会社**（→282ページ）と総称されます。

　株式会社と持分会社とは、会社の構成員が会社に対して持つ地位に違いがあります。株式会社の構成員とは「株主」のことで、株主が持つ地位のことを「株式」というのに対し、持分会社の構成員は「社員」と呼ばれ、社員が持つ地位のことを「持分」といいます。

　株式会社、合名会社、合資会社、合同会社の4つの種類の会社のうち、最もよく利用されているのは**株式会社**です。本書をお読みの皆さんも、民間企業にお勤めの方なら、株式会社に勤務されている方が多いと思いますし、株式会社という言葉を聞いたことがない人はおそらくいないでしょう。

　株式会社という組織形態は、それだけ日本ではポピュラーな存在であり、資本主義である我が国の事業や産業の発展に欠かせないものなのです。

　なお、有限会社という形態の会社がありますが、有限会社は、現在は法律上、株式会社にあたります。もっとも、「有限会社」と名乗り続けることは可能です（**特例有限会社**といいます）。他方、新しく有限会社を設立することは、現在はできません。

## ● 会社法における「社員」とは

　会社法の世界では、会社の構成員のことを、**社員**といいます。社員は、株式会社の場合には**株主**のことをさし、持分会社の場合の場合には、そのまま社員と呼ばれます。ここでいう「構成員」とは、

## 会社の種類

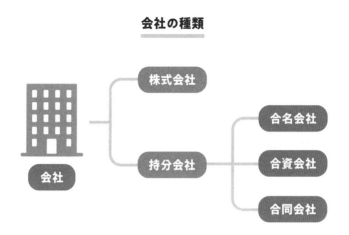

会社に対して出資をし、会社の運営に一定の発言権を持つ者のことです。「オーナー」と言い換えてもいいかもしれません。

　したがって、**会社の従業員は、社員にはあたりません**。日常用語では、社員といえば従業員のことを意味しますが、会社法の世界では、社員とは従業員のことではないので、注意が必要です。

---

**Mini COLUMN**

　合同会社という会社形態は、株式会社の次に利用されている会社の形態です。合同会社は、さまざまな目的で利用されていますが（→ 284 ページ）、このうち、外資系企業の日本法人が合同会社であるケースは、株式会社よりも合同会社の形態をとったほうが、米国の税制上有利に扱われる、という理由による場合が多いようです。なお、グーグル、アップル、アマゾンの日本法人は、どれも合同会社です。

# ②
# 株式会社とは
# どういう会社なのだろう

「所有と経営の分離」「株式の譲渡性」「株主の有限責任」
の3つの特徴がある

## ● 株式会社の特徴とは

　株式会社は、日本で最もポピュラーな会社の形態です。それは、他の会社の形態と比べてメリットがあるからなのですが、本項では、そのメリットにあたる株式会社の3つの特徴をみてみましょう。

## ● 株式会社の特徴①〜所有と経営の分離

　株式会社では、会社の構成員（オーナー）である株主と、会社の経営・業務執行を行う取締役会や取締役とが分離しています。これを一般的に、**「所有と経営の分離」**といいます。

　このような仕組みにすることで、カネは持っているが経営の能力が十分でない者は、出資して株主となり、会社経営は経営のプロである取締役などに任せる、ということができることになります。

## ● 株式会社の特徴②〜株式の譲渡性

　株主が持つ会社に対する地位のことを**株式**といいます。株式会社では、原則として、株式は細分化された割合的な単位の形をとり、その譲渡は、一定の例外（定款による株式の譲渡制限の場合など）を除き、原則として自由に行うことができます。

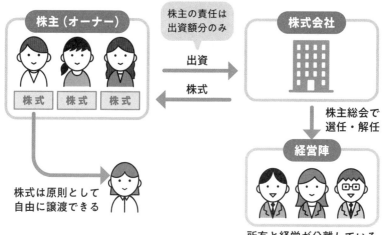

## 株式会社の仕組み

株主（オーナー）

株主の責任は
出資額分のみ

出資

株式

株式会社

株主総会で
選任・解任

経営陣

株式は原則として
自由に譲渡できる

所有と経営が分離している

こうすることで、株主は、株式の譲渡により、最初に出資したときの投下資本を容易に回収することができますし、株式が広く流通することも可能になる、というメリットがあります。

### ●株式会社の特徴③〜株主の有限責任（株主有限責任の原則）

株式会社の株主は、会社に対して、株主になるときに会社に出資する（金銭等の支払いをする）義務を負うだけであり、その義務を履行すれば、会社が会社債権者に対して負う債務について、弁済する義務を負いません。これを「**株主の有限責任**」といいます。

このように有限責任とすることで、ある株式会社に出資しようとする者は、出資額以上の責任を負うことがないため、安心して出資ができることになり、結果的に多数の投資家から出資を集めやすくなるというメリットがあります。

# 「会社法」とは何だろう

会社をめぐる利害関係者の利害を調整するための法律

## ● 会社法とは何か

　私たち人間が生活するうえで、さまざまな決まり事があるように、会社が社会で活動していくうえでも、さまざまなルールが法律等で定められています。

　会社の組織、運営、管理や、会社をとりまく利害関係者の利害を調整するためのルールを定めている中心的な法律として、日本には**「会社法」**という法律があります。本書で説明する会社法のルールのほとんどは、この「会社法」という法律に規定されたルールです。

　また、「会社法」で規定しきれない細かいルールを定めたものとして、**「会社法施行規則」「会社計算規則」**があります。これは法律ではなく、法務省が定めた省令（法務省令）ですが、本書では、必要な範囲で、これらで定められたルールについても説明します。

## ● 会社法の歴史

「会社法」という法律が日本で定められたのは、実は比較的最近のことです。「会社法」は 2005 年（平成 17 年）に成立し、2006 年（平成 18 年）5 月 1 日から施行されています。もっとも、それ以前に会社に関するルールがなかったわけではもちろんなく、それ以前は、

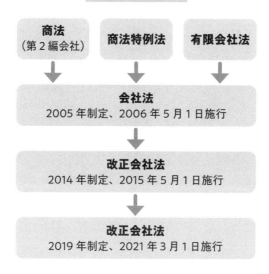

## 会社法の成り立ち

商法
（第2編会社）

商法特例法

有限会社法

会社法
2005年制定、2006年5月1日施行

改正会社法
2014年制定、2015年5月1日施行

改正会社法
2019年制定、2021年3月1日施行

商法、商法特例法（株式会社の監査等に関する商法の特例に関する法律）、有限会社法という法律に分散して規定されていました（本書では、それらを「旧商法」と表記することがあります）。2006年に施行された「会社法」は、それらの法律を1つにまとめたうえで、多くのルールを変更・新設した法律です。

　この「会社法」は、2014年（平成26年）に企業統治や親子会社に関する内容を中心に比較的大きな改正がなされ（施行は2015年〈平成27年〉5月1日から）、2019年（令和元年）にも、2014年改正ほどではありませんが、比較的多くの内容にわたる改正が行われました（施行は、一部を除き2021年〈令和3年〉3月1日から）。

## ● 会社に関する他の法律と会社法の守備範囲

　会社をとりまく利害関係者の利害を調整するためのルールは、会

社法や会社法施行規則・会社計算規則だけに定められているわけではありません。

　たとえば、上場企業の株式に関する会社と投資家間などの利害調整に関しては「金融商品取引法」に、後述する振替株式については「社債、株式等の振替に関する法律」に、それぞれ定められています。

　また、会社法において利害調整を行う利害関係者として想定されているのは、出資者（株主など）、および会社に対する債権者（融資をする金融機関や、取引に伴う債権を持つ取引先）だけです。

　会社における関係者として他に重要な存在としては従業員がいますが、会社と従業員との関係や、従業員同士の利害関係の調整に関するルールは、会社法では原則として取り扱われず、労働契約法、労働基準法などの労働関連の各種法律が定めています。このように、会社をとりまく利害関係者の利害調整について、出資者・会社債権者に関するものと、労働者に関するものとで、法律間で役割分担がなされているのです。

　本書では労働関連の法律の内容については取り扱いませんが、こうした会社法の守備範囲や、会社法と労働関連法との役割分担は、理解しておくといいでしょう。

# ●「親会社」・「子会社」とはどういう意味？

　「親会社」や「子会社」という言葉は、本書でも何度も登場しますので、ここで、その意味を確認しておきましょう。

　まず、「子会社」とは、会社法には「会社がその総株主の議決権の過半数を有する株式会社その他の当該会社がその経営を支配している法人として法務省令で定めるもの」と定義されています。「その総株主の議決権の過半数を有する株式会社」とあるとおり、議決権の過半数（50％超）の株式を保有する会社が、「子会社」の典型例です。しかし、上記の定義からわかるとおり、「子会社」とは、もっと多くの場合を含む複雑なルールになっています。たとえば、議決権の保有比率が50％を切っていても、40％以上で、かつ、取締役の過半数を自社（親会社）の従業員で占めている場合には、「子会社」にあたります。

　また、「親会社」とは、会社法上「株式会社を子会社とする会社その他の当該株式会社の経営を支配している法人として法務省令で定めるもの」という定義です。典型的には、ある会社Aが他の会社Bの議決権の過半数の株式を保有する場合、A社とB社は、親会社と子会社の関係になります。

　その他どのような場合が親会社・子会社にあたるかの詳細な内容は、会社法施行規則に詳しく定められています。

# PART2

# 株式会社はどうやって設立するのだろう

# 株式会社は
# どのように設立するのか

設立の手続には「発起設立」と「募集設立」がある

## ● 株式会社の設立とは

　人間は、「オギャー」と泣いて、赤ちゃんとして誕生します。これに対して、法人である株式会社が誕生するには、一定の手続が必要です。では、株式会社は、どのように誕生するのでしょうか。

　株式会社という法人が一定の手続を経て成立することを、株式会社の**「設立」**といいます。

## ● 株式会社は、どのような手続を経て設立するのか

　それでは、株式会社は、どのような手続を経て設立するのでしょうか。大まかにいうと、次の流れをたどります。

　❶定款の作成、公証人による認証→❷出資（株式の発行に関する事項の決定、株式の引受け、出資の履行）→❸設立時の役員等（設立時の取締役、監査役など）の選任→❹設立時の役員等による設立事項の調査→❺設立の登記申請→❻設立登記の完了による会社の設立（法人格の取得）。

　言い換えますと、株式会社は、まず会社のルールを作成（❶）し、組織を作るのに必要な「ヒト、モノ、カネ」について、ヒト（設立時の株主、役員等）の確定（❷・❸）、モノやカネの受け入れ（❷出

## 株式会社の設立の流れ

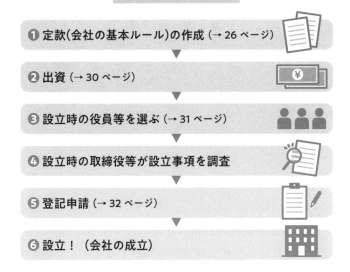

❶ 定款(会社の基本ルール)の作成 (→ 26 ページ)

❷ 出資 (→ 30 ページ)

❸ 設立時の役員等を選ぶ (→ 31 ページ)

❹ 設立時の取締役等が設立事項を調査

❺ 登記申請 (→ 32 ページ)

❻ 設立! (会社の成立)

資の履行)をした後、それらの内容をチェックし(❹)、設立の登記申請(❺)をすることで、会社が成立することになります。

### ● 発起設立と募集設立とは

　株式会社の設立には、「発起設立」と「募集設立」の２つの方法があります。

「発起設立」とは、**会社の設立の際に発行する株式の全部を発起人が引き受ける設立方法**のことです。

　また、「募集設立」とは、**発起人は会社の設立の際に発行する株式の一部を引き受け、残りは引き受ける者を募集する設立方法**のことです。

　募集設立は発起設立よりも手続が複雑であるため、現在の実務では、設立の方法として、発起設立が選ばれる場合が多いです。

# ②
# 発起設立での定款の
# 作成手続をみてみよう

定款は、株式会社の組織と運営に関する根本ルール

## ● 定款の作成

　発起設立の場合の手続について、詳しくみていきましょう。

　「定款」とは、株式会社の組織と運営に関する根本規則です。株式
会社を設立するには、発起人が定款を作成することが必要です。

　発起人とは、実質的には、会社の設立を企画する者のことをいい
ますが、法律上は、定款に発起人として署名または記名押印等をし
た者のことを指します。

　定款は書面のほか、電磁的記録（電子データ）で作成することも
できます。

　作成された定款は、公証人の認証を受けなければ、その効力を生
じません。公証人の認証は、定款が真正に作成され、内容が適法で
あることを保つために行われるものです。

　なお、会社の成立後は、定款の内容は、株主総会の特別決議を経
なければ変更できません。

## ● 定款の記載事項

　定款の記載事項には、「絶対的記載事項」「相対的記載事項」「任意
的記載事項」の３つの種類があります。

　まず、**定款に必ず記載しなければならず、記載しないと定款自体が無効となる事項**のことを「**絶対的記載事項**」といいます。定款の絶対的記載事項は、以下のとおりです。

---

【**絶対的記載事項**】
❶目的
❷商号
❸本店の所在地
❹設立に際して出資される財産の価額またはその最低額
❺発起人の氏名（発起人が個人の場合）・名称（発起人が法人の場合）および住所
❻発行可能株式総数

---

　このうち、❶の目的とは、**会社の事業目的**のことです。また、❷の商号は、**会社の社名**のことで、株式会社の商号には、「株式会社」の文字を含めなければなりません（例：●●株式会社、株式会社▲▲）。❻は、株式会社が発行することができる株式の総数のことです。公開会社（→82ページ）では、発行可能株式総数は発行済株式の総数の4倍を超えてはならない、というルールがあります。

　次に、定款に記載しなくても、定款自体は無効にはならないが、定款に記載しなければ、その記載事項自体の効力の発生が認められない事項のことを「**相対的記載事項**」といいます。たとえば、株主

名簿管理人、株式の譲渡制限、公告の方法などです。

　第3に、定款に記載しなくても、定款自体は無効にはならず、かつ、定款に記載せず、定款以外の方法（たとえば株主総会決議や取締役会規則）で定めても、その記載事項自体の効力の発生は認められる事項のことを、**「任意的記載事項」**といいます。たとえば、定時株主総会の招集時期、取締役・監査役の員数（人数のこと）、事業年度がいつからいつまでか、などが任意的記載事項です。

　株式会社は、法律の規定に違反しない限り、定款に任意的記載事項を記載することが自由にできます。任意的記載事項とすることの意味は、その事項を定款に記載した以上、その事項の内容を変更するには、定款変更の手続（つまり、株主総会の特別決議）を経なければならなくなり、経営陣の判断で簡単に変更できなくなるということにあります。

## ● 定款の備置きと閲覧、公開

　定款は、会社の成立後は、会社の本店および支店に備え置かなければなりません。また、会社の成立後は、会社の株主と債権者は、会社の営業期間中はいつでも、定款の閲覧や謄本・抄本の交付などを請求することができます。

　会社の株主や債権者以外の者は、会社の定款の内容を確認することは、権利としては認められていません。会社の登記情報が、誰でも見ることができるのとは違う点です。

　ただし、東京証券取引所（東証）の上場企業の定款は、日本取引所グループのウェブサイトの中の東証上場会社情報サービスのページで、誰でも見ることができます。

# 株式会社の定款の記載事項

## 絶対的記載事項

### 定款に必ず記載しなければらない！

❶ 目的

❷ 商号

❸ 本店の所在地

❹ 設立に際して出資される財産の価額またはその最低額

❺ 発起人の氏名・名称および住所

❻ 発行可能株式総数

## 相対的記載事項

### 記載しなくてもいいが、
### 定款に記載しなければ効力が発生しない

❶ 株主名簿管理人

❷ 株式の譲渡制限

❸ 公告の方法　など

## 任意的記載事項

### 記載しなくてもいいし、
### 定款以外の方法で定めても効力が発生する

❶ 定時株主総会の招集時期、取締役・監査役の員数、
事業年度がいつからいつまでか　など

# 発起設立の
# 残りの手続をみてみよう

### 発起設立の場合の出資、役員等の選任、
### 設立の登記についてみてみよう

## ● 出資（株式発行事項の決定と株式の引受け）

　次に、出資に関する事項、具体的には、設立時に発行する株式に関する事項を決定する必要があります。たとえば、設立時に発行する株式を何株にするか、発行する株式と引き換えに発起人が会社にいくら払い込むのか、成立後の会社の資本金や資本準備金をいくらにするか、などの事項です。実務上は、これらの事項は、定款で定められることが多いです。

　発起設立の場合には、こうした設立時に発行する株式に関する事項が決定されることで、「株式の引受け」が確定することになります。「株式の引受け」とは、出資を行って会社の株主となることを会社に対して約束することをいい、引受けをした者を引受人といいます。

## ● 出資の履行

　発起人は、上述した設立時に発行する株式に関する事項の決定後、遅滞なく、出資額の全額を払い込まなければなりません（現物出資〈金銭以外の財産の出資〉の場合には、その全部の給付をしなければなりません）。これを「出資の履行」といいます。

## ● 設立時の役員等の選任

　発起人は、出資の履行が完了した後、遅滞なく、設立時に取締役となる者を選任しなければなりません。また、会社の選択した機関設計に応じて、設立時に監査役、会計参与、会計監査人となる者を置く場合もあります。これらは、設立時取締役、設立時監査役、設立時会計参与、設立時会計監査人と呼ばれます。設立時取締役や設立時監査役は、選任後遅滞なく、設立手続に法令・定款違反がないかなど、設立手続を調査する必要があり、違反・不当な事項があった場合には、発起人に通知しなければなりません。

## ● 設立の登記

　以上の手続が全て完了したら、最後に、本店の所在地を管轄する法務局に、**設立の登記の申請**をしなければなりません。

　株式会社は、その本店の所在地において設立の登記をすることによって成立（法人格を取得）します。また、会社の成立により、設立時取締役、設立時監査役などは、そのまま取締役、監査役などの立場に移ることになります。

## ● 募集設立の方法（発起設立との違い）

　募集設立の場合には、発起人は、設立時の株式を引き受ける人を募集し、引受けに応じる人に株式が割り当てられ、その人が払込み（出資の履行）をすることで、会社の成立時に株主となります。

　また、出資の履行をした発起人や設立時の株式の引受人で構成される「創立総会」という会議体で、設立事項の報告、設立時役員等の選任、設立手続の調査結果の報告などが行われます。

# 会社の登記に関するルールとは

株式会社の登記は、誰でも見ることができる公開情報である

## ● 会社の登記に関する原則

株式会社に限らず、会社法上の会社については、一定の重要な事項を公示するための制度として**商業登記**の制度が設けられています。

会社法の規定により登記すべき事項は、原則として、当事者の申請により、商業登記法という法律の定めるところに従い、登記所が備える商業登記簿に登記します。

また、登記した事項に変更が生じたり、その事項が消滅したりしたときは、当事者は、遅滞なく、変更の登記または消滅の登記をしなければなりません。

## ● 株式会社で登記すべき事項

株式会社で登記すべき事項は会社法に定められており、その内容は多岐にわたりますが、代表的なものは、次のとおりです。

---

【登記事項】
［基本的事項］
❶目的

❷商号

❸本店および支店の所在場所

❹公告の方法

**［株式・新株予約権に関する事項］**

❺資本金の額

❻発行可能株式総数

❼株式の譲渡制限に関する規定

❽発行する株式の内容

❾単元株式数についての定款の定めがあるときは、単元株式数

❿発行済株式の総数

⓫株券発行会社である旨

⓬株式名簿管理人を置いたときは、その氏名・住所（または名称・営業所）

⓭新株予約権に関する一定の事項

**［役員等に関する事項］**

⓮取締役の氏名

⓯代表取締役の氏名および住所

⓰取締役会設置会社であるときは、その旨

⓱会計参与設置会社であるときは、その旨並びに会計参与の氏名・名称、および会計参与報告等の備置場所

⓲監査役設置会社であるときは、その旨並びに監査役の氏名、および監査の範囲を会計に限定する旨の定款の定めがあるときは、その旨

⓳監査役会設置会社であるときは、その旨および社外監査役については、社外監査役である旨

⓴会計監査人設置会社であるときは、その旨および会計監査

人の氏名・名称

㉑監査等委員会設置会社であるときは、その旨並びに、監査等委員である取締役およびそれ以外の取締役の氏名、社外取締役については社外取締役である旨、および重要な業務執行の取締役への委任について定款の定めがあるときはその旨

㉒指名委員会等設置会社であるときは、その旨並びに、社外取締役については社外取締役である旨、各委員会の委員および執行役の氏名、および代表執行役の氏名・住所

㉓会社と非業務執行取締役等との責任限定契約に関する定款の定めがあるときは、その旨

## ●登記事項は誰でも確認できる

　商業登記簿に記録されている事項を証明した書面（登記事項証明書。具体的には、履歴事項全部証明書や現在事項証明書など）は、手数料を支払えば、法務局で誰でも入手することができます。

　このように、**商業登記簿に記録された登記事項は「誰でも」知ることができる**というのがポイントです。定款などとは異なり、その会社の株主や債権者でなくても、登記事項を確認することができるのです。このため、これからある会社と新規に取引をしようとする者は、その会社が本当に存在する会社か、またその会社がどのような会社なのかについての基礎的な情報を、登記事項証明書の交付を受けることで知ることができます。

　ちなみに、一般財団法人民事法務協会の「登記情報提供サービス」（https://www1.touki.or.jp/night.html）から、オンラインで登記事項を確認できます。

# ●登記申請を怠ったらどうなる？

　株式会社では、取締役や監査役を株主総会で選任・再任した場合などには、法務局に登記を申請して、登記事項を変更してもらうことが必要です。しかし実際には、特に中小企業のうち一定数の会社で、こうした登記申請を怠っている例がみられるようです。

　登記すべき事項があるのに登記申請を怠った場合には、会社法上、取締役などに、100万円以下の「過料」が科されるルールになっています。「過料」とは、法令に違反した者に制裁として課される秩序罰のことをいいます（刑罰ではなく、刑罰の一種である「罰金」とは異なります）。

　では、登記申請を怠ったら実際にはどう扱われるのでしょうか。会社法上、たとえば役員の変更登記は、変更が生じた時から2週間以内に申請しなければなりません。ただ実際の事例をみる限り、2週間の期限を少しでも超えたら必ず過料が課されるわけではなく、期限の超過がある程度の期間を超えた場合に、はじめて過料が課される扱いになっています。

　実務上、過料の通知は、裁判所から、会社の本店所在地ではなく、代表取締役の自宅に郵送で届く扱いが採られています。事前予告なく突然、裁判所から自宅に過料の通知が届くので、驚かれる代表取締役の方も多いようです。

# 会社の「公告」とは何だろう

会社は、一定の事柄を、あらかじめ決めた方法で、
公に知らせなければならない場合がある

## ●会社の公告とは

　会社が、ある一定の事項について、株主や会社債権者などの利害関係者に対し広く知らせることが必要な場合があり、会社法上、こうした場合に利害関係者に広く知らせる方法として、「公告」という方法が定められています。

　会社法には、公告をしなければならないというルールが多く定められていますが、このうち、公告は必ず官報に掲載する方法で行わなければならず、他の方法、つまり新聞に掲載するなどの方法で公告を行うことは許されない場合があります。

　他方で、会社法上、公告をしなければならないものの、公告の方法は官報の掲載に限られない場合もあります。この場合には、会社は、原則として、定款であらかじめ定めた公告方法に従って公告をします。定款で定められるのは、次の３つのいずれかの公告方法です。

❶官報に掲載する方法
❷時事に関する事項を掲載する日刊新聞紙に掲載する方法
❸電子公告

（❸の場合には、事故その他やむを得ない事由によって電子公告による公告をすることができない場合の公告方法として、❶または❷に掲げる方法のどちらかを定めることができる）

公告方法は登記事項なので、ある会社の公告方法を知りたい場合には、その会社の登記事項証明書を取り寄せれば、わかります。

## ● 定款での記載方法

定款には、公告方法として、たとえば、❶の場合には、「当会社の公告は、官報に掲載する方法により行う。」、❷の場合には「当会社の公告は、東京都において発行する日本経済新聞に掲載して行う。」、❸の場合には「当会社の公告方法は、電子公告とする。ただし、事故その他やむを得ない事由によって電子公告による公告をすることができない場合は、日本経済新聞に掲載して行う。」などと規定されます。

実務上は、中小企業の場合には❶の方法が多く、上場企業の場合には❸が多い（❷は、やむを得ない事由で❸ができない場合の代替の公告方法として規定することが多く、新聞としては日本経済新聞が多い）です。

なお、❶については、一定の期間のものにつき、国立印刷局の「インターネット版官報」（https://kanpou.npb.go.jp/）で、PDF ファイル化された官報を閲覧することができます。

## 公告方法の種類

❶ 官報に掲載する方法 …中小企業に多い

❷ 時事に関する事項を掲載する日刊新聞紙に掲載する方法

❸ 電子公告 …上場企業に多い

## ●電子公告とは

　電子公告とは、会社法上は、公告方法のうち、電磁的方法（電子情報処理組織を利用する方法その他の情報通信の技術を利用する方法であって法務省令で定めるもの）により不特定多数の者が公告すべき内容である情報の提供を受けることができる状態に置く措置であって法務省令で定める方法、のことをいいます。もちろん、こんな長い定義を覚える必要はありません。要は、**インターネットのウェブサイトに掲載する公告方法**、と理解すればいいでしょう。

　官報や日刊新聞という方法は、紙媒体での公告方法なのに対し、電子公告はインターネット上での公告方法です。

　官報や新聞による公告は、ある特定の日に発行される官報や新聞に掲載されれば公告としてはそれで足りますが、**電子公告の場合には、公告の種類に応じ、一定の期間、公告を継続することが必要です**（たとえば決算公告の場合には、定時株主総会の終結後5年間、公告を継続しなければなりません）。

　また、電子公告を行おうとする会社は、公告期間中に公告の内容が不特定多数の者が提供を受けることができる状態に置かれている

かどうかについて、所定の調査機関に対し、調査を行うことを求めなければなりません（電子公告調査。決算公告の場合を除きます）。

　なお、法務省の「電子公告システム」(http://e-koukoku.moj.go.jp/) では、各会社の電子公告の内容を検索することができます。

## ● 公告が必要な場合の具体例

　話を電子公告から公告全般に戻します。会社法上、公告が要求される場合は多数ありますが、実務上、使用頻度が高いのは以下の３つの場合です。

---

❶最も典型的なのは、「決算公告」

　（→決算公告については、通常の公告とは異なるルールがいくつかあるため、208 ページで改めて説明する）

❷上場企業の場合には、臨時株主総会の開催にあたって、その総会に議決権等を有する株主を確定させるための基準日（→ 56 ページ）を設定する公告をすることがあり、こうした「基準日設定公告」も比較的見られる

❸組織再編や資本金の減少の際、債権者保護手続を行う場合に「公告」が会社法上要求されることがある

---

# 株式のルールを
# 知っておこう

# 株式とは何だろう

株主の地位を細分化した均一の割合的単位に
したものが「株式」

## ●株式とは

株式会社の構成員のことを、「株主(かぶぬし)」といいます。そして、株主の地位を細分化した均一の割合的単位の形にしたものが、「株式(かぶしき)」です。

ではなぜ、株式会社では、株主の地位が、「株式」という、細分化された均一の割合的単位の形を取るのでしょうか。

それは、構成員である株主の地位の大小や強弱を、その株主の個性や人的要素に応じて決めるよりも、個々の株式は均一な割合的単位とし、その地位の大小や強弱は、そうした均一な割合的単位である株式をいくつ持っているかで決める、という方法を取ったほうが、多くの株主と会社との関係を、最も明確・簡便に処理できるからです。

また、そのようなシンプルで明快なルールとすることで、多数の人間が株式会社に出資をしやすくし、結果的にその会社に多くの資金を集めることもできるようになります。

前述のとおり、**株式は、原則として均一性を持ちます**（例外的に、定款で特別の定めができる場合があります）。均一性とは、たとえば、ある会社の株式1株を持つ株主Aさんと、株式5株を持つ他の株主

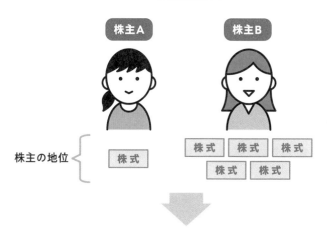

株主と株式

株主A　株主B

株主の地位 { 株式

株式　株式　株式

株式　株式

株主Bは株主Aと比べて5倍の地位を持つ

Bさんがいた場合に、それぞれの持つ株式のうち1株だけを見れば、原則として、その内容や持つ権利は等しく同じ、ということです。したがって、株主Bさんは、株主Aさんと比べて、自らの株主としての地位は、原則として5倍になります。

● **株主は会社に対してどんな権利・義務を持つのか**

　株式会社において、「株主は会社のオーナー（持ち主）である」といういい方がされることがあります。

　では、「会社のオーナー」であるということは、具体的に、会社に対してどのような権利・義務を持つのでしょうか。以下、権利と義務とに分けて、詳しくみていきましょう。

## ●株主の会社に対する権利

　株主の会社に対する権利には、どのようなものがあるでしょうか。株主の会社に対する権利は、会社法の学問上は、「自益権」と「共益権」の2つの権利に分類されます。

　まず、「自益権」です。自益権とは、**株主が会社から経済的利益を受ける権利**のことです。具体的には、最も中心的なのが、**剰余金の配当を受ける権利**（いわゆる、利益配当請求権）です。他に、会社の清算時における残余財産の分配を受ける権利（残余財産分配請求権）や、株式買取請求権も該当します。

　次に、「共益権」です。共益権とは、**株主が会社の経営に参与し、または会社の経営を監督是正する権利**のことです。株主が会社の経営に参与する権利としての共益権としては、株主総会における**議決権**がその中心です。その他、株主総会における質問権、株主提案権、株主総会招集権などがあります。

　また、会社の経営を監督是正する権利としての共益権としては、株主総会決議の取消しを訴える権利、代表訴訟を提起する権利、取締役会議事録等の各種会社書類の閲覧等請求権などがあります。

　なお、株主の権利は、単独株主権と少数株主権とに区別されることもあります。**単独株主権とは、1株の株主でも行使できる権利のことで、少数株主権とは、一定数または一定割合の株式を有する株主のみが行使できる権利のこと**です。

　自益権は単独株主権なので、1株の株主でも行使できます。共益権のうち議決権は単独株主権ですが、その他の権利は単独株主権で

## 株主の自益権と共益権

```
          株主の権利
              │
      ┌───────┴───────┐
```

**自益権**

会社から
経済的利益を受ける権利

● 剰余金配当請求権
● 残余財産分配請求権
● 株式買取請求権　など

**共益権**

会社の経営に参与し、または
会社の経営を監督是正する権利

● 株主総会での議決権
● 株主提案権
● 株主総会決議の取消しを訴え
　る権利　など

あるものと少数株主権であるものに分かれます。

### ● 株主の会社に対する義務～株主有限責任の原則

　PART 1 – 2 でも説明しましたが、株主は、会社に対しては、株主になる際に出資する（金銭を支払う）義務を負うだけであり、その出資の際に支払うべき金額を超えて、会社や会社債権者に対して義務や責任を負うことはありません。これを「**株主有限責任の原則**」といいます。

　これはどういう意味かというと、会社の設立や、新株の発行など

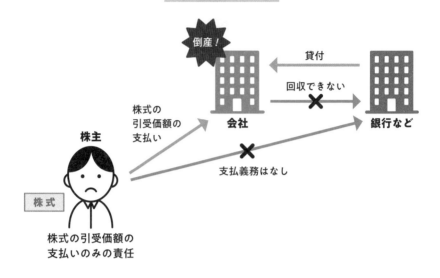

## 株主有限責任の原則

倒産！

貸付

回収できない

株式の
引受価額の
支払い

会社

銀行など

株主

株式

支払義務はなし

株式の引受価額の
支払いのみの責任

によって会社が新しく株式を発行する際、株式を引き受けようとする者は、会社の成立前や株式発行の効力発生前に、引受価額の全額を会社に支払わなければなりませんが、**株主が会社に対して負う責任は、この支払責任だけである**、という意味です。

　たとえば、会社の経営が厳しくなり債務超過になった場合などでも、株主がその損失を補填しなければならないとか、株主が会社債権者に対して会社に代わって債務の支払いをしなければならない、ということはありません。

　このように、株主が負うリスクについて出資額を限度とするルールを採ることで、投資家が予想外のリスクを負うことがなく安心して出資できるため、結果的に多くの投資家から出資を集めることができる、という点に、株主有限責任の原則のメリットがあります。

# ● 株主の権利行使に関する利益供与の禁止

　会社は、誰に対しても、株主の権利の行使に関し、その会社または子会社の計算において（会社または子会社が実際の出費者になって、という意味です）、財産上の利益を供与してはいけません。これは、会社の経営陣の都合のいい形で株主の権利を行使させるために会社財産が浪費されることを防ぎ、会社の経営の健全性を確保するためのルールです。

　このルールは、もともといわゆる「総会屋」（上場企業の株式を取得して、その企業に対し金銭を要求し、要求が拒否されると株主総会の議事を妨害する者）に対する会社からの資金等の流れを根絶するために、1981年（昭和56年）の旧商法改正で設けられたものですが、このルールの適用は、必ずしも総会屋に対する利益提供の場合に限られません。

　なお、株主総会の出席株主へのお土産や、総会終了後の株主懇親会における飲食の提供は、その金額が社会通念上相当な範囲内である限り、違法な利益供与には該当しない、と考えられています。

　このルールに違反して利益供与を受けた者は、その利益を会社または子会社に返還しなければなりません。また、一定の刑事罰が科される場合もあります。

# 「株主平等の原則」とは何だろう

株式会社は、株主を、その保有する株式の内容と数に応じて
平等に取り扱わなければならない

## ● 株主平等の原則とは

　株式会社は、株主を、その保有する株式の内容および数に応じて
平等に取り扱わなければなりません。これを「株主平等の原則」と
いい、会社法に規定されたルールです。株主平等の原則は、株式の「内
容」と「数」の2つの点から平等な取扱いが求められます。

　まず、株式の「内容」に応じた平等の取り扱いという点では、株
式会社が種類株式（権利の内容が異なる複数の株式のこと。詳しく
は51ページへ）を発行した場合には、普通株式と種類株式との間で
異なる取扱いをすることは許されますが、**同じ普通株式の株式相互
間や、同じ種類株式の株式相互間では、株主は、持株数に応じて平
等に取り扱われなければなりません。**

　次に、株式の「数」に応じた平等の取り扱いという点では、同じ
株式数を有する株主間は平等に取り扱われなければなりませんが、
**保有株式の数が増えれば、それに比例して株主に対する扱いも厚く
することが必要です。**たとえば保有株式数が100株の株主と500株
の株主を比較した場合には、後者の株主は、前者の株主と比較して、
議決権は5倍違う扱いを受けるし、剰余金の配当も5倍多く受領す
ることになるわけです。

## 株主平等の原則

同じ内容の株式なら、
**保有株数に応じて平等的に扱われる**

株主A と株主B は
平等に扱われる

保有株式数が増えれば、
**それに比例して扱いが厚くなる**

株主A に比べて株主C は
議決権も剰余金の配当も倍になる

　株主平等の原則に違反する定款の定めや、株主総会の決議、取締役会の決議、取締役の業務執行などは、無効となります。

## ●株主平等の原則の適用範囲

　もっとも、株主平等の原則をあまりに厳格に適用すると、逆に不都合が生じることがあります。したがって、一定の場合には、株主平等の原則を適用しない例外が認められることがあります。

　多くの上場企業では、毎事業年度の特定の時期に、株主に対して自社サービスの優待券などを交付する「株主優待制度」を実施しています。この制度は、通常、優待の内容が、株式数に比例していないのですが、制度の目的が個人投資家による株式投資の促進という合理的なものであり、金額も比較的小さいことから、株主平等の原則には反しない、と学説上は考えられています。

# PART3

## ③

# 株式の「内容」と「種類」についての特別な定めとは

株式会社は、株式の内容や株式の種類について、
通常とは違った特別のアレンジができる

## ● 株式の内容についての特別の定め

　株式会社は、その発行する「全部の」株式の内容として、一定の事項を定款で定めることができます。こうした定めのことを**「株式の内容についての特別の定め」**といいます。具体的には、以下の3つの事項についてのみ、こうした定めを設けることが可能です。

---

❶株式の譲渡制限（譲渡による株式の取得について、株式会社の承認を要すること）

❷取得請求権（株式について、株主が株式会社に対してその取得を請求することができること）

❸取得条項（一定の事由が生じたことを条件として、会社が株式を〈強制的に〉取得することができること）

---

　❶〜❸は、それぞれ「**譲渡制限株式**（→64ページ）」「**取得請求権付株式**」「**取得条項付株式**」と呼ばれます。

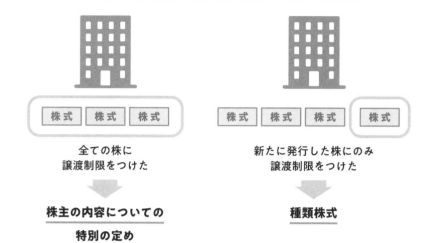

## 株式の内容についての特別の定めと種類株式の違い

| 株式 | 株式 | 株式 |

全ての株に
譲渡制限をつけた

⬇

**株主の内容についての**

**特別の定め**

| 株式 | 株式 | 株式 | 株式 |

新たに発行した株にのみ
譲渡制限をつけた

⬇

**種類株式**

❶は、日本の多くの株式会社で見られる定めであり、中小企業の多数はこの定めを定款に設けています（→64 ページ）。

❷は、株主のイニシアティブで株式を会社が取得するタイプの定めであるのに対し、❸は、会社のイニシアティブで、会社が株主から強制的に株式を取得する（ある意味、取り上げる）ことができる定めです。

❶〜❸の「株式の内容についての特別の定め」をするには、❶〜❸のそれぞれについて会社法に定められた具体的・詳細な事項について、定款で定める必要があります。

## ●種類株式とは

42 ページで一部説明したとおり、会社法では、それぞれの株式の権利の内容は同じであることを原則としていますが、例外として、

権利の内容の異なる複数の（２つ以上の）種類の株式を発行することが認められています。これを「種類株式(しゅるいかぶしき)」といいます。

## ●「株式の内容についての特別の定め」と「種類株式」の違い

　前述した「株式の内容についての特別の定め」とは、会社の発行する「全部の」株式の内容として定款に定める一定の事項のことです。これに対し、種類株式とは、会社の発行する「一部の」株式の内容として定款に定める一定の事項のことです。

## ● 種類株式の具体的な類型

　会社法が、内容の異なる２つ以上の種類の株式の発行を認めるのは、次の９つの事項です。

❶剰余金の配当

❷残余財産の分配

❸株主総会において議決権を行使することができる事項（議決権制限株式）

❹譲渡による当該種類の株式の取得について当該株式会社の承認を要すること（譲渡制限株式）

❺当該種類の株式について、株主が当該株式会社に対してその取得を請求することができること（取得請求権付株式）

❻当該種類の株式について、当該株式会社が一定の事由が生じたことを条件としてこれを取得することができること（取得条項付株式）

❼当該種類の株式について、当該株式会社が株主総会の決議によってその全部を取得すること（全部取得条項付種類株式）

❽株主総会・取締役会において決議すべき事項のうち、当該決議のほか、当該種類の株式の種類株主を構成員とする種類株主総会の決議があることを必要とするもの（拒否権付種類株式）

❾当該種類の株式の種類株主を構成員とする種類株主総会において取締役・監査役を選任すること

　上記のうち、比較的重要な❶と❷について、以下で詳しく説明します。

## ●❶剰余金の配当、❷残余財産の分配に関する種類株式とは

　会社は、剰余金の配当、または残余財産の分配について、内容の異なる2つ以上の種類の株式を発行できます。

　このうち、実務上多く利用されてきたのが、剰余金の配当（利益配当）に関する**優先株式**、すなわち、**他の株式に先んじて剰余金の配当を受け取ることができる株式**です。優先株式の場合には、優先株主への配当が終わってから初めて、普通株主は配当を受けることができます。これに対して、他の株式に遅れてしか剰余金の配当を受け取ることができない株式を劣後株式と呼びます。

　経営が不振な企業が、資金調達を得やすくする等の理由で優先株式を発行する、ということは実務上ときどき見られます。

# 4

# 株主名簿と基準日についてのルールとは

株式会社は、株主に関する情報を記載した株主名簿を
作らなければならない

## ●株主名簿とは

　株式会社では、株主に関する情報を記載した「**株主名簿**」を作成することが義務付けられます。株主名簿は、書面ではなく、電磁的記録（電子データ）で作成することも可能です。

　株主名簿には、以下の事項を記載・記録する必要があります。

---

❶株主の氏名（名称）および住所

❷当該株主の保有する株式の数（種類株式発行会社の場合は、種類および種類ごとの数）

❸当該株主が株式を取得した日

❹株券発行会社の場合には、株式の株券（発行されているもののみ）の番号

---

## ●株主名簿の備置きと閲覧請求

　株式会社は、株主名簿を、会社の本店（株主名簿管理人を置く場合は、その営業所）に備え置かなければなりません。

### 株主名簿

会社の本店または
株主名簿管理人の営業所

株主名簿

株主　債権者

会社の営業時間内は
いつでも閲覧・謄写の
請求ができる

　また、株主および債権者は、会社の営業時間内はいつでも、株主名簿の閲覧・謄写の請求をすることができます。この場合、会社は、一定の拒絶事由にあたらない限り、株主や債権者からの株主名簿の閲覧・謄写の請求を拒むことができません。株主名簿管理人を置く場合には、株主名簿の閲覧・謄写の請求は、株主名簿管理人に対し、その営業時間内にすることになります。

## ●株主名簿管理人とは

　株式会社に代わって株主名簿の作成・備置きその他の株主名簿に関する事務を行う者のことを、「株主名簿管理人」といいます。株式会社は、株主名簿管理人を置くことを定款で定め、そうした事務を委託できます。株主名簿管理人の名称や営業所は登記事項です。

　上場企業には必ず株主名簿管理人が置かれており、三菱ＵＦＪ信

託銀行、三井住友信託銀行、みずほ信託銀行の信託銀行3行が圧倒的なシェアを有しています。

## ●株主名簿の「基準日」とは

　株主として会社に対して権利（議決権や剰余金の配当請求権など）を行使できる者は、原則として、その行使時点における株主名簿上の株主です。しかし、上場企業など、多数の株主がおり、かつ、日々多くの株式の売買が行われている会社では、株主の構成は毎日のように多く変更されるため、ある特定の時点における株主名簿上の株主が誰かを把握することが困難な場合が少なくありません。

　そこで、株式会社は、一定の時点で株主として会社に対して特定の権利の行使ができる者を確定するために、「基準日」という制度を設けています。株式会社は、一定の日（基準日）を定めて、**その基準日時点で株主名簿に記載・記録されている株主を、後の時点で権利行使ができる株主と定めることができるのです。**

　定款に定めがある場合を除き、会社は、基準日を定めたときは、当該基準日の2週間前までに、基準日および当該基準日に株主が行使できる権利について定めた内容を、公告しなければなりません。

　実務上、上場企業の定款では、「定時株主総会における議決権」「期末配当としての剰余金の配当」「中間配当としての剰余金の配当」の3つについて基準日が定められることが多いです。たとえば、定時株主総会における議決権については、「当会社の定時株主総会の議決権の基準日は、毎年3月31日とする。」などと定められます。

　また、**基準日は、実際に権利行使をする日が基準日から3カ月以**

---

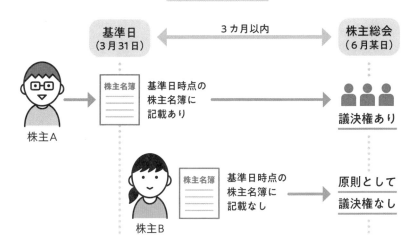

**基準日のイメージ**

内になるように設定しなければなりません。したがって、3月末日が事業年度末で、定時株主総会の議決権の基準日を定款で毎年3月31日と定めた会社は、定時株主総会は6月中に開催する必要があります。

## ● 基準日後の株主

**基準日の後に株主になった者は、原則として、当該基準日に関する権利を行使できません**。たとえば、定時株主総会の議決権に関して3月31日を基準日とする定めがある場合には、4月1日以降にその会社の株式を取得した株主は、その会社の6月の定時株主総会では議決権は行使できません（逆に、3月31日時点で株主だった者は、その後4月1日以降に株式を譲渡しても、その会社の6月の定時株主総会で議決権を行使することができます）。

# 株式の譲渡と権利行使の
# 方法を知っておこう

株券発行会社、株券不発行会社、株式振替制度の適用会社の
どれなのかで、方法は異なる

## ● 株式の譲渡の方法は3タイプに分かれる

　株式会社の株式は、原則として、譲渡することができます。株式
会社の譲渡の方法は、その会社が、❶株券を発行することを定款で
定めた会社（株券発行会社）、❷株券発行会社以外で❸以外の会社、
❸株式振替制度が適用される会社（上場企業の株式は全て適用され
ます）、のどれに属するかによって変わります。

## ● 株券発行会社の株式の譲渡の方法

　前述の❶株券を発行することを定款で定めた会社（株券発行会社）
では、株式の譲渡は、**株券を譲受人に交付する方法**によって行います。
また、**株券を交付しなければ、株式の譲渡は効力が発生しません。**

　この株券の交付によって、株式の譲渡は、「第三者に対しても」そ
の譲渡を対抗する（権利を主張する）ことができます。しかし、譲
受人が株式の譲渡を「会社に対して」対抗する（権利を主張する）
ためには、株券の譲渡だけでは不十分で、**会社が株主名簿上の名義
を譲受人名義に書き換える（名義書換）こと**が必要です。この場合、
譲受人は、株券を会社に提示することで、単独で名義書換を請求で
きます。

## 株券発行会社の場合の株式譲渡

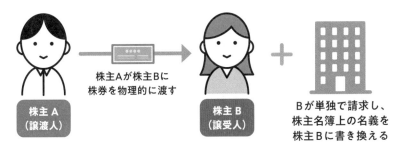

※株主Aが株主Bに株式を譲渡する場合

株主Aが株主Bに
株券を物理的に渡す

株主 A
（譲渡人）

株主 B
（譲受人）

Bが単独で請求し、
株主名簿上の名義を
株主Bに書き換える

## 株券発行会社以外の会社の場合の株式譲渡

当事者同士の譲渡の
意思表示だけで OK

株主 A
（譲渡人）

株主 B
（譲受人）

**株主名簿の名義書換の請求は、AとBの共同で行う**

## ●株券発行会社以外の会社（上場企業以外）の株式の譲渡の方法

　前記の❷の、定款に株券を発行する旨の定めがない株式会社で、振替制度の適用がない会社では、**株式の譲渡は、当事者間（譲渡人と譲受人の間）の意思表示だけで効力が発生します。**

　しかし、株式の譲渡を**会社や第三者に対抗する**（権利を主張する）

には、株主名簿の**名義書換**を会社にしてもらうことが必要になります。株券発行会社の場合とは異なり、株主名簿の名義書換の会社への請求は、譲渡人と譲受人とが共同で行う必要があります。

## ●株式振替制度が適用される会社（上場企業）の株式の譲渡の方法

　最後が、前述の❸です。上場企業の株式の譲渡は「**振替制度**」（株式等振替制度）によって行われ、この制度で取り扱われる株式のことを、「**振替株式**」といいます。これは簡単にいうと、証券会社等の口座で、電子的に株式の権利の所属・移転を管理する方法です。

　株式振替制度では、「振替機関」「口座管理機関」「加入者」という三者が登場します。このうち、まず振替機関とは、振替に関する業務を営む者として主務大臣の指定を受けた株式会社のことで、現在は、「株式会社証券保管振替機構」が唯一の振替機関です。次に、口座管理機関とは、振替機関の下位の機関であり、他人（投資家など）のために振替のための口座の開設を行う金融機関（証券会社など）のことです。最後に、加入者とは、振替機関や口座管理機関に株式の振替を行うための口座を開設した者（株主や投資家）のことです。

　振替機関および口座管理機関は、各加入者の口座ごとに区分された振替口座簿を備えなければなりません。振替口座簿には、加入者の氏名（名称）、住所、株式の会社名、株式数などの情報が記載・記録され、振替株式についての権利の帰属は、振替口座簿の記載・記録によって定まることとされています。

　振替株式の譲渡は、譲渡人である加入者が、自らが口座開設をした口座管理機関等に対し、単独で振替の申請を行い、その結果として、譲受人である加入者が自らの口座（口座管理機関等の口座）の保有

## 振替株式制度の場合の株式譲渡

※株主 A が X 社の 500 株中 100 株を株主 B に譲渡する場合

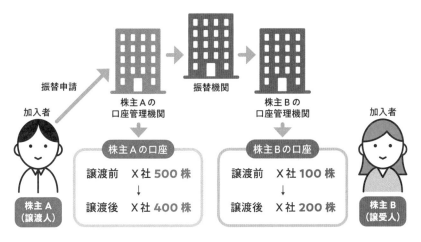

欄に、譲渡を受けた株式の増加の記載・記録を受けることで、効力を生じます。つまり、**譲受人の振替口座簿に増加の記載・記録がなされることが、振替株式の効力発生要件**です。また、「会社以外の第三者への」対抗要件（権利を主張するための要件）でもあります。

譲渡人からの振替の申請があった後は、譲渡人の口座管理機関→振替機関→譲受人の口座管理機関という流れで、その振替に関する事項が順々に通知されます。

たとえば、譲渡人が保有する上場企業 X 社の株式 500 株を保有していて、そのうち 100 株を譲渡しようとした場合、振替の申請をすることで、譲渡人の証券会社（口座管理機関）の口座における X 社の株式数は 100 株減少する旨の記載・記録がなされ、他方、譲受人の証券会社（口座管理機関）の口座には、X 社の株式数が 100 株増

加する旨が記載・記録されます。

　文章だけ読むとイメージが湧きにくいかもしれませんが、たとえばＡさんが、自らの銀行口座の預金の一部をＢさんに振り込む場合をイメージしてみてください。ＡさんがＢさんに100万円を振り込もうとした場合、Ａさんは銀行に100万円の振込の申込みを行い、銀行がそれを受け付けて手続することで、Ａさんの預金口座の残高は100万円減少し、Ｂさんの預金口座の残高は100万円増加します。銀行におけるこうした金銭の振込の株式バージョンが、振替株式における株式の譲渡であると考えると、イメージしやすいでしょう。

## ● 振替株式の場合の権利行使方法

　振替株式の場合には、個々の株式の譲渡ごとに、株主名簿の名義書換が行われるというシステムは採られていません。振替株式の場合には、株主の権利行使に関して、「**総株主通知**」と「**個別株主通知**」という、2つの特別なルールが定められています。

　まず、会社が、基準日（→56ページ）を定めた場合など一定の場合には、振替機関は、会社に対し、当該一定の日（基準日など）における振替口座簿に記載された株主の氏名（名称）・保有株式の種類・数などを、速やかに通知しなければなりません。これを「**総株主通知**」といいます。

　会社は、総株主通知で通知を受けた事項を、株主名簿に記載・記録しなければなりません。この株主名簿への記載・記録によって、基準日等に株主名簿の名義書換がされたものとみなされ、基準日等における株主に権利行使が認められることとなります。なお、振替制度の対象となる株式は、総株主通知を受けた場合にしか、株主名簿の名義書換をすることができません。

## 株式の譲渡方法のまとめ

| | 効力発生要件 | 会社への対抗要件 | 第三者への対抗要件 |
|---|---|---|---|
| 株券発行会社 | 株券の交付 | 株主名簿の名義書換 | 株券の交付 |
| 株券不発行の会社（振替株式以外） | 当事者の意思表示 | 株主名簿の名義書換 | 株主名簿の名義書換 |
| 振替株式 | 譲受人の口座の保有欄に、譲渡株式数の増加を記載されること | 株主名簿の名義書換（少数株主権等の行使の場合→個別株主通知） | 譲受人の口座の保有欄に、譲渡株式数の増加を記載されること |

　次に、株主が会社に対して少数株主権等（たとえば、株主提案権、株主代表訴訟提起権など）を行使しようとするときは、自らが口座を持つ口座管理機関を通じて振替機関に対し、自らが保有する当該会社の振替株式の種類・数などを会社に通知するよう、申し出ることが必要です。この場合の振替機関から会社への通知を**「個別株主通知」**といいます。株主は、振替機関から会社へ個別株主通知がされた後4週間以内に、少数株主権等を行使することができます。

　個別株主通知は、少数株主権等を行使する際に自らが株主であることを会社に対抗する（権利を主張する）ための要件です。なお、この個別株主通知が会社にされた場合でも、会社は株主名簿の名義書換は行いません。

　以上のとおり、振替株式の場合には、株式の譲渡を「会社に」対抗する（権利を主張する）ための要件は、「株主通知に基づく株主名簿の名義書換」または「個別株主通知」の2つです。

# 定款による
# 株式譲渡の制限とは

上場企業以外の多くの株式会社は、
定款で株式譲渡の制限を設けている

## ● 定款による株式の譲渡制限とは

　株式会社では、株式は自由に譲渡できるのが原則ですが、例外として、**定款で、株式の譲渡には会社の承認が必要である、という制限をすることができます**。これを一般的に「定款による株式の譲渡制限」といい、その対象となる株式のことを「**譲渡制限株式**」といいます。

　株式会社の中には、親族や仲間内だけでその会社の株式を保有しており、自分たちと信頼関係のある者、自分たちが好ましいと思う者にのみ株式を譲渡したい、と考える会社が、中小企業を中心に多いため、このような譲渡制限が認められています。

　実際に、日本の株式会社のうち、上場企業以外のほとんどの会社が、定款で株式の譲渡制限を設けています。なお、**上場企業では、定款で譲渡制限株式の定めを置くことはできません。**

　定款で株式の譲渡制限の定めを設ける際には、その会社の全部の株式について譲渡制限を設ける場合と、その会社の一部の株式について譲渡制限を設ける場合の、2つのパターンが認められています（→ 50 ページ）。しかし、実務上圧倒的に多いのは、前者の場合です。

**譲渡制限株式**

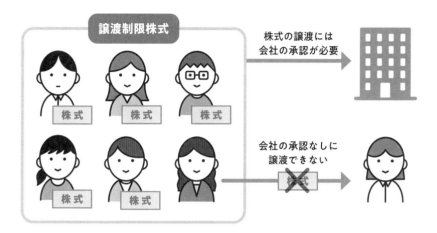

## ● 譲渡制限株式の譲渡の承認を行う機関

　譲渡制限株式の譲渡を承認するかどうかは、取締役会設置会社では取締役会の決議、取締役会非設置会社では株主総会の決議で、それぞれ決定されなければならないのが原則です。したがって、通常の場合には、定款に「譲渡による当会社の株式の取得については、取締役会の承認を要する。」などと規定されます。

　また、例外的に、定款で上記の原則とは違った規定をすることもできます。たとえば、取締役会設置会社で、譲渡制限株式の譲渡について、株主総会や代表取締役の承認を要すると規定することも可能と考えられています。また、一定の場合（たとえば、会社の既存の株主に譲渡する場合）には、譲渡の承認があったものとみなす旨を定款で定めることも可能です。

## ●譲渡制限の登記・株券への記載

　定款で株式の譲渡制限を定めた場合には、そのことを登記しなければなりません。したがって、ある会社が定款で株式の譲渡制限をしているかどうかは、登記情報を確認することにより、誰でも知ることが可能です。

　また、定款で株式の譲渡制限をしていることは、株券発行会社の場合には、株券にも記載することが必要です。

## ●譲渡制限株式の譲渡の手続

　ここまで説明したとおり、会社法は、株式の譲渡に取締役会等の承認を要する旨を定款で定めることを認めていますが、他方で、そういった譲渡制限株式についても、譲渡を希望する株主には、最終的には譲渡を認めるルートが会社法上、確保されています。

　譲渡制限株式の譲渡に関する会社法のルールは極めて複雑なので、以下、簡単にポイントを説明します。


　まず、譲渡制限株式の株主Aさんが、所有する株式を株主でないBさんに譲渡しようとするときは、会社に対し、Bさんが譲渡制限株式を取得することを承認するかどうかの決定をすることを請求できます。会社の承認機関（取締役会など）がこの譲渡請求を承認する決定をした場合には、AさんとBさんとの間で、株式の譲渡が成立します。

　他方、会社の承認機関がAさんからBさんへの譲渡の請求を承認しない決定をした場合でも、Aさんが会社に対して譲渡承認の決定を請求する際、「もし会社が自分からBへの株式譲渡を承認しない場合には、会社、または会社が指定する買取人Cが、この株式を買い

## 譲渡制限株式の譲渡の手続

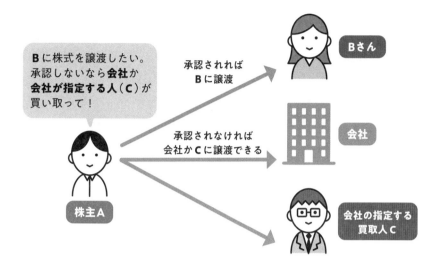

Bに株式を譲渡したい。承認しないなら**会社**か**会社が指定する人（C）**が買い取って！

株主A

承認されれば
Bに譲渡

Bさん

承認されなければ
会社かCに譲渡できる

会社

会社の指定する
買取人C

取ること」も一緒に請求した場合には、会社は、自らその株式を買い取るか、またはその株式を買い取る者（指定買取人といいます）Cを指定しなければなりません。したがって、譲渡制限株式の株主であるAさんは、自分からBさんへの株式譲渡を会社が承認しなかった場合でも、最終的には、その株式を、会社または指定買取人Cに対し、譲渡することができます。

　なお、会社に対する譲渡制限株式の承認の決定の請求は、株式の譲受人から行うことも可能です（ただし、株式の譲受人から請求する場合には、原則として、譲渡人と共同で請求することが必要です）。

# 「自己株式」とは何だろう

株式会社が保有する自社の株式のことで、
会社が自己株式を取得するには特別な規制がある

## ● 自己株式とは

　株式会社が保有する自らの株式のことを「**自己株式**」といいます。会社は、設立時や新株発行時に株主に対して株式を発行しますが、そうして株主に発行した株式を、株主との合意によって取得し、自己株式とすることができます。いわゆる「自社株買い」のことで、こうした自己株式の取得は、上場企業でも、さまざまな財務戦略上の理由などから多く行われています。

　しかし、会社が一度株主に発行した株式を、株主との合意によって、株主に対価として金銭を払ったうえで取得するということは、会社の財産（金銭）を減少させ、債権者に不利益を与えうる行為であるうえに、対象となる株式をどの株主からいくらで取得するかなどについて株主間で不公平になるおそれがあります。

　このため、株主や債権者を保護するため、**会社が株主から自己株式を合意によって取得するには、一定の金額の範囲内であること（財源規制）、および株主間で不公平とならないような手続を経ること（手続規制）**、の2つの条件を満たすことが必要です。

　上記の2つの条件のうち、まず手続規制について説明します。以下、

**自己株式**

株主との合意によって
自己株式を取得できる

A社株式

A社

A社株式　A社株式　A社株式

A社株式　A社株式

株主との合意による自己株式の取得に関する手続規制について、❶原則、❷特定の株主から取得する場合の例外、❸市場取引・公開買付けの場合の例外、の3つに分けて説明します。

## ●❶株主との合意による自己株式の取得～手続の原則

　株主との合意による自己株式の取得の原則的なルールは、全ての株主に、自己株式の譲渡の申込みの機会を与えるという、株主間の公平に配慮した方法です。

　この場合、まず、原則として、**株主総会の決議**（普通決議）で、取得株式数、取得対価の内容・総額、取得可能な期間（最長1年）を定めることが必要です。つまり、株主総会決議で、1年間（最長）に取得可能な自己株式の上限数と取得に要する金銭等の上限額という**「取得できる数と金額の枠」**（取得枠）を定めるということです（株主総会決議で、実際の特定の自己株式の取得を決議するわけではありません）。そして、その「枠」の範囲内で、具体的にいつどの程度

の自己株式の取得を実際に行うかを決定する権限を、取締役会（取締役会設置会社の場合）に与えるということを意味します。

　次に、会社は、株主総会決議で決められた取得枠の範囲内で実際に自己株式を取得しようとするときは、取締役会設置会社の場合には取締役会の決議で、取得株式数・取得対価の金額、取得の申込み期日などを定めなければなりません。

　こうして取締役会の決議で決まった内容は、株主に通知または公告され、株主に平等に申込みの機会が確保されます。これを受けて、株主が自己株式の譲渡の申込みを行い、会社は自己株式を買い取ることになります。

　なお、上場会社の株式について、自己株式の取得を市場外で行う場合には、後述する❷特定の株主からの取得の場合を除き、公開買付け（→ 260 ページ）によらなければなりません。したがって、上場会社の株式については、この❶の方法で自己株式の取得を行うことは、法律上できません（この❶の方法は、非上場会社の株式についてのみ利用可能です）。

## ●❷例外として、特定の株主から取得する場合

　❶のとおり、株主との合意による自己株式の取得は、株主全員に平等に売却の機会を与える手続が採られていますが、会社法は、特定の株主からのみ自己株式を取得する方法も、例外的に認めています。ただし、この場合には、特定の株主が不当に利益を得て、他の株主との公平を害するおそれが大きいため、特に厳格なルールが設けられています。

## 自己株式取得の原則的な手続の流れ

❶ 株主総会の決議で取得株式数、取得対価の内容・総額、取得可能な期間（最長1年）を定める（＝「取得枠」を定める）

▼

❷ 取締役会の決議で、取得株式数・取得対価の金額、取得の申込み期限などを定める（取得枠内にて）

▼

❸ 株主に通知または公告する（→株主に平等に申込みの機会が確保される）

▼

❹ 株主が自己株式の譲渡の申込みを行う

▼

❺ 申込総数が会社が決定した取得総数を超えた場合は、会社は申込み株式数に応じて按分で自己株式を買い取る

　具体的には、株式会社は、❶の原則の場合の株主総会決議で、議案の内容として、特定の株主から自己株式を取得することを、併せて決議することができますが、この場合、**株主総会の特別決議が必要**で、かつ、その特定の株主は、その決議において議決権を行使することができません。また、他の株主は、会社に対して、自らの株式も取得する議案に変更するよう、会社に請求できるのが原則です。

## ●❸例外として、市場取引・公開買付けによる取得の場合

　以上の❶❷のさらなる例外として、市場取引または公開買付け（→260ページ）の方法で自己株式を取得する場合には、❶の「取得枠」に関する事項を株主総会決議で定めれば足り、その取得枠の範囲内であれば、取締役会などの決議を経ることなく、随時、代表

取締役や業務執行取締役の決定により、自己株式を取得することができます。

またさらに、取締役会設置会社は、市場取引・公開買付けに限って、定款に「自己株式の取得について取締役会の決議で決定できる」旨を定めることができます。この場合には、あくまで市場取引・公開買付けによる取得に限ってですが、❶の「取得枠」に関する内容も、株主総会でなく取締役会の決議で定めることが可能です。

実務上、上場会社における自己株式の取得は、このルールに基づいて、定款に「市場取引等により当社の株式を取得することを取締役会の決議によって定めることができる」といった規定を設けたうえで（ほとんどの上場企業の定款にこの規定は入っています）、市場取引（その中でも、立会市場、または立会外市場のうちのToSTNeT-3〈トストネットスリー。自己株式立会外買付取引〉、のどちらか）で行われることが多いです。

## ●財源規制とは

株主との合意による自己株式の取得については、これまで説明した手続規制の他に、財源（金銭）面での上限が会社法で定められています。これは財源規制と呼ばれます。

つまり、**会社が自己株式の取得の対価として株主に交付する金銭等の帳簿価額の総額は、当該取得の効力発生日における分配可能額を超えてはならない**、というルールがあります。会社は、この金額を超えた金額を支払って、自己株式を取得することはできません（分配可能額については、213、221ページで説明します）。

## 自己株式の法的地位

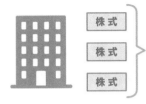

会社が取得した自己株式は……
- 期限の制限なく保有できる
- 議決権はない
- 議決権以外の共益権もなし
- 剰余金の配当なし

## ● 自己株式の法的地位

　会社は、取得した自己株式を、期間の制限なく保有できます。

　会社は、保有する自己株式については、議決権を有しません。また、議決権以外の共益権もありません。会社支配の公正を保つためです。

　また、会社は、保有する自己株式について、剰余金の配当をすることはできません。

## ● 自己株式の消却と処分

　会社は、保有する自己株式を、いつでも消却することができます。この場合、会社は、取締役会の決議により（取締役会設置会社の場合）、消却する自己株式の種類と数を決定しなければなりません。

　また、会社は保有する自己株式を処分することができますが、その場合には、原則として、新株発行（→ 228 ページ）と同じ手続に従う必要があります。自己株式の処分は、自己株式を譲り受ける者にとっては、金銭等を支払って株式を引き受けることを意味しますが、それは実質的に新株発行と変わらない性質を持つからです。

# ⑧
# 株式の併合・分割、単元株
# とは何だろう

いずれも、株式のサイズを調整するための制度

## ●株式の併合とは

　株式の併合とは、数個の株式を合わせてそれよりも少数の株式にすること（たとえば、10株を合わせて1株にしたり、3株を合わせて2株にしたりすること）です。

　株式の併合は、全ての株式に対して一斉に行われるため、各株主が保有する株式数は、一律かつ比例的に減少します。また、株式の併合によっても、会社財産や資本金の額に変わりはありません。

　株式の併合は、併合割合の定め方によっては、一部の株主に重大な影響を与えるおそれがあります。たとえば、10株を合わせて1株にするという株式の併合の場合、9株しか持っていない株式は株主の地位を失ってしまいます（併合により1株に満たない端数は、金銭を支払うことで処理されます）。このため、**株式の併合は、株主総会の特別決議を経ることが必要**です。

　株式の併合は、近時、企業買収の際に少数株主をキャッシュ・アウト（→264ページ）するための手法として使われる例が増えています。

## 株式の併合、分割

**株式の併合**

併合前　株式　　株式

併合後　　株式

この場合、併合前に1株しか持っていない株主は株主の地位を失う。そのため、株主総会の特別決議が必要。

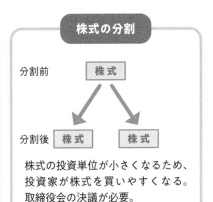

**株式の分割**

分割前　　株式

分割後　株式　　株式

株式の投資単位が小さくなるため、投資家が株式を買いやすくなる。取締役会の決議が必要。

## ●株式の分割とは

　株式の分割とは、すでに発行された株式を細分化して、多数の株式とすること（たとえば、1株を5株にしたり、10株を11株にしたりすること）です。

　株式の分割は、投資単位を小さくし、その結果1株あたりの株価が小さくなるため（ただ、実際には、株式の分割によって、かえって株価が上がることもよくありますが）、多数の投資家に株式を買いやすくし、株式の流動性を高めるための手段として利用されることがあります。

　株式の分割は、株式の併合のように既存の株式が1株未満の端数となることはなく、既存株主の利益への影響はありません。そのため、株式の併合の場合とは異なり、取締役会設置会社の場合には、**取締役会の決議**で（取締役会非設置会社の場合には、株主総会の普通決議で）株式の分割について決定することができます。

## ● 単元株制度とは

「**単元株制度**」とは、定款により、一定の数の株式を1単元とし、**株主の議決権は1単元について1個と定める**制度のことです。この結果、**1単元未満の株式（単元未満株式）には、議決権は認められません**。単元株制度は、主に上場企業における株主管理のコストを節約させるための制度です。

現在、国内の全ての上場企業では、単元株式数を100株（すなわち、100株が1単元の株式）とすることで統一されています。

単元未満株式は、上記のとおり議決権は認められませんが、議決権以外の権利については、原則として全て認められます。ただし、定款で、そうした議決権以外の権利のうちの一部について排除する（権利を認めない）こともできます。

また、単元未満株主は、会社に対して、自らの有する単元未満株式を買い取ることを請求することができ、この方法によって、単元未満株主は投下資本の回収を図ることができます（単元未満株式の買取請求）。

さらに、会社が定款で定めれば、単元未満株主は会社に対し、自らが保有する単元未満株式と併せて単元株式となる数の株式を自らに売り渡すことを請求することもできます（単元未満株式の売渡請求）。

## PART4

# 会社を構成する機関とは
# 何だろう

## ● 株式会社の機関とは何だろう

　株式会社は法人であり、法人格、つまり、法律上の人格を持ちます。しかし、当然ではありますが、株式会社は生身の人間ではないので、株式会社そのものが人間のように外に出歩いたり、物を買ったり、契約書に署名したりすることはできません。

　このため、株式会社が活動するにあたっては、株式会社に代わって、物事を決めたり、動いたりする人間や集団が必要になります。こうした人や集団を、株式会社の「機関」といいます。正確にいい直すと、株式会社の意思決定、運営または管理を行うための人や会議体のことを、株式会社の「機関」といいます。

　具体的には、**株主総会、取締役、取締役会、会計参与、監査役、監査役会、会計監査人、監査等委員会、指名委員会等、執行役**が、株式会社の機関にあたります。

## ● 株式会社のそれぞれの機関の役割をざっとみてみよう

　このうち、**株主総会**は、株主によって構成され、株式会社の意思決定を行う機関です。株式会社の最高の意思決定機関、といわれることもあります。

## 会社の機関

| | |
|---|---|
| ● 株主総会（→ 94 ページ） | ● 取締役（→ 120 ページ） |
| ● 取締役会（→ 128 ページ） | ● 会計参与（→ 170 ページ） |
| ● 監査役（→ 156 ページ） | ● 監査役会（→ 162 ページ） |
| ● 会計監査人（→ 166 ページ） | ● 監査等委員会（→176ページ） |
| ● 指名委員会等（→172ページ） | ● 執行役（→ 175 ページ） |

　また、**取締役会**は、株式会社の業務執行の決定を行うとともに、取締役の業務執行の監督を行う機関です。**取締役**は、取締役会がある会社では、取締役会の構成員であるとともに、取締役会で決定された範囲で、会社の業務執行を行います。

　**会計参与**は、取締役と共同して会社の計算書類等を作成する機関です（ただし、会計参与を置いている会社は少ないです）。

　次に、**監査役**は、取締役（および会計参与）の職務の執行を監査する機関です。「監査する」とはどういうことかを一言で説明するのは難しいのですが、誤解を恐れずにいえば、「チェックする」という意味とまずは理解してください。**監査役会**は、監査役全員で構成される会議体です。

　**会計監査人**は、会社の計算書類等を監査する機関であり、公認会計士または監査法人だけがなることができます。

　**監査等委員会**は、後で述べる監査等委員会設置会社（→ 176 ページ）

というタイプの会社に置かれる委員会で、主に取締役の職務の執行を監査する機関です。

**指名委員会等**とは、正確には、指名委員会、監査委員会、報酬委員会の３つの委員会のことを指し、これらは、後で述べる指名委員会等設置会社（→172 ページ）というタイプの会社に置かれる委員会です。**執行役**は、指名委員会等設置会社にのみ置かれ、会社の業務を執行する機関です。

なお、**「執行役員」**という役職が日本では広く普及していますが、これは「執行役」とは全く違うもので、会社法上の機関ではなく、**会社法やその他の法律にも定めのない、企業が任意に置いている役職**ですので、ご注意ください。

## ● 株式会社の機関の役割のまとめ

以上のように、株式会社の機関には多くの種類があり、また実は、**どのような機関を会社に置くかによって、それぞれの機関の役割も変わる場合があります。**

もっとも、簡単にまとめると、株式会社の機関の役割は、**❶意思決定、❷業務執行、❸監査・監督**の３つであり、それぞれの機関は、これら３つの役割の１つまたは複数の役割を持っている、といえます。

たとえば、❶を行うのは原則として株主総会と取締役会であり、❷を行うのは取締役、会計参与、執行役であり、❸を行うのが取締役会、監査役、監査役会、会計監査人、監査等委員会です（指名委員会等は、委員会によって、❶または❸を行うことになります）。

## 会社の機関の役割

| ❶意思決定を行う機関 | ❷業務執行を行う機関 | ❸監査・監督を行う機関 |
| --- | --- | --- |
| ・株主総会<br>・取締役会 | ・取締役<br>・会計参与<br>・執行役 | ・取締役会<br>・監査役<br>・監査役会<br>・会計監査人<br>・監査等委員会 |

※指名委員会等は委員会によって❶または❸を行う。

**Mini COLUMN**

　「役員」という言葉は、一般用語としても広く使われていますが、会社法では、「役員」とは、取締役、監査役、会計参与のことをさす、と定義されています。

　もっとも、これは、会社法が「役員」という言葉に含めるのはどの機関がいいかを職務内容に照らして検証した結果ではなく、会社法という法律を作る際に、取締役、監査役、会計参与の全てに適用が必要なルールが複数あり、それぞれの条文にいちいち「取締役、監査役、会計参与」と繰り返し記載するのは適切でない、という考えから、それらをまとめて表現する言葉として「役員」という言葉が使用されているに過ぎない、と考えられます。

　たとえば、指名委員会等設置会社の執行役は、その職務内容からすれば、「役員」という言葉の定義の中に含まれていてもおかしくないのですが、実際にはそうなっていないのは、そのあらわれといえるでしょう。

# ②

# 株式会社に
# どのような機関を置くか

「公開会社」かどうか、「大会社」かどうかで
機関設計のルールは異なる

## ● 「公開会社」「大会社」かで異なる機関設計のルール

　株式会社の機関のうち、全ての株主会社に置かなければならない
機関は、**株主総会**と**取締役**です。

　それ以外の機関については、どの機関を置くかについて一定のルー
ルがありますが、そのルールは、株式会社が**「大会社」**かどうかと、**「公
開会社」**かどうか、の２点によって違ってきます。そこで、まず「大
会社」と「公開会社」の意味について確認しましょう。

## ● 「大会社」、「公開会社」とは？

　「大会社」とは、会社法上、最終事業年度（→ 221 ページ）の末日
の貸借対照表上の**資本金**の額が**５億円以上**、または**負債の合計額が
200 億円以上の株式会社**のことです。

　また、「公開会社」とは、**その発行する株式の全部または一部につ
いて譲渡制限をしていない株式会社**のことをいいます。

　これは、「その発行する株式の全部について譲渡制限をしていない
（つまり、どの株式にも譲渡制限がない）株式会社」と、「その発行
する株式の一部について譲渡制限をしていない株式会社」の両方が、
公開会社にあたる、という意味です。逆にいうと、「その発行する株

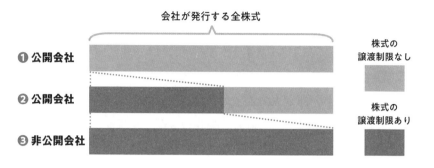

**公開会社と非公開会社の違い**

会社が発行する全株式

❶ 公開会社

❷ 公開会社

❸ 非公開会社

株式の
譲渡制限なし

株式の
譲渡制限あり

❶＝発行する株式全部について譲渡制限なし
❷＝発行する株式の一部について譲渡制限なし
❸＝発行する株式全部について譲渡制限あり

式の全部について譲渡制限をしている株式会社」のみが、「公開会社
ではない会社」になります。なお、「公開会社でない株式会社」のこ
とを、会社法上の正式な言い方ではありませんが、**「非公開会社」** と
呼ぶことがよくあり、本書でも以下、そのように表記します。

　定款で、ある株主が株式を譲渡しようとする際には、取締役会な
どの承認が必要である、という規定を設けることができます（→64
ページ）が、定款で「全部」の株式についてそうした譲渡制限をす
る規定を設けた場合には、その会社は、「非公開会社」になります。

「公開会社」というと、一般的には上場企業をイメージするかもし
れませんが、**会社法における「公開会社」とは一般的な意味とは異
なり、上場企業という意味ではありません**ので、ご注意ください。

## ● 機関設計のルール

　会社法の機関設計のルールは極めて複雑です。したがって、本書

をお読みの皆さんは、ルールの全てを理解する必要は必ずしもありません。まずは、次の5つの基本的なルールを理解しましょう。

---

❶公開会社は、取締役会を置かねばならない

❷取締役会が置かれた会社は、（監査等委員会、指名委員会等を置く会社でない限り）監査役を置かねばならない

❸大会社は、会計監査人を置かねばならない

❹会計監査人が置かれた会社は、（監査等委員会、指名委員会等を置く会社でない限り）監査役を置かねばならない

❺公開会社でかつ大会社は、監査役会、監査等委員会、指名委員会等のいずれかを置かねばならない

---

❶のルールは、公開会社は、株主の構成が株式を譲渡することにより常に変化することが想定され、また株主が多数に及ぶ場合も多いことから、株主自身が直接会社の運営・管理を行うのではなく、取締役会を置いて、経営等のプロに会社の運営・管理を委ねるのが適切である、と考えられていることによるものです。

❷のルールは、取締役会が設けられ会社の運営・管理を委ねる以上、取締役会・取締役の職務執行をチェックする者が必要と考えられたことによります。

❸のルールは、大会社である以上、会社の規模も大きく計算書類等も複雑になり、また債権者等の利害関係人も多数になるため、専門家である会計監査人に会社の会計処理を監査させることが適切と考えられたことによります。

❹のルールは、会計監査人が取締役（経営陣）から独立性を保つため、会計監査人の選任・解任等に関与する独立した立場の監査役を設ける必要があると考えられたことによります。

❺のルールは、公開会社でかつ大会社である場合には、会社の規模も大きく、株主も利害関係人も多数に及ぶことから、監査・監督の体制もしっかりした人的体制で行う必要があるとの考えから、監査等委員会、指名委員会等を置く場合以外であっても、監査役会を置かねばならないとされています。

## ● 4つのタイプの会社ごとの機関設計の特徴

以上を踏まえると、「公開会社」か「大会社」かの組み合わせごとに、機関設計は以下のような特徴を持ちます。

### (1) 公開会社であり、かつ大会社である会社

このタイプの会社では、株主総会と取締役に加え、以下の3つのパターンの機関設計しか認められません。

❶取締役会＋監査役会＋会計監査人
❷取締役会＋監査等委員会＋会計監査人
❸取締役会＋指名委員会等＋会計監査人

❷は監査等委員会設置会社、❸は指名委員会等設置会社ですので、監査役が置かれる会社については、❶のパターンの機関設計しか認められていません。

なお、上場企業は、必ずしも全てが大会社ではありませんが、東

京証券取引所（東証）の規則では、東証に上場する企業は原則として全て、監査役会、監査等委員会、または指名委員会等のいずれかを置かなければならないとされており、❶〜❸のどれかの機関設計を選択することが強制されます。

## (2) 公開会社ではなく、しかし大会社である会社

　数は多くないですが、上場企業の子会社などにこのようなタイプの会社が見られます。

　この場合には、取締役会や、監査役会を置く必要はありません。

　他方で、大会社であるため、会計監査人は置かなければなりません。その結果、監査役も置かなければなりません。

　したがって、最小限の機関の組み合わせは、「**株主総会＋取締役＋監査役＋会計監査人**」です。

## (3) 公開会社であり、しかし大会社ではない会社

　公開会社ですので、株主総会と取締役に加え、取締役会を置くことは強制されます。その結果、監査役を置くことも強制されます。しかし、それ以外の機関（たとえば、監査役会や会計監査人など）の設置は強制されません。

　したがって、最小限の機関の組み合わせは、「**株主総会＋取締役会＋監査役**」です。

## (4) 非公開会社であり、かつ大会社ではない会社

　日本の中小企業の多くはこのタイプにあたります。このタイプの会社では、株主総会と取締役以外に、設置を強制される機関はありません。

## 株式会社の機関設計のパターン

| | 公開会社 | 非公開会社 |
|---|---|---|
| 大会社 | （1）<br>取締役会＋監査役会＋会計監査人<br>取締役会＋指名委員会等＋会計監査人<br>取締役会＋監査等委員会＋会計監査人 | （2）<br>取締役＋監査役＋会計監査人<br>取締役会＋監査役＋会計監査人<br>取締役会＋監査役会＋会計監査人<br>取締役会＋指名委員会等＋会計監査人<br>取締役会＋監査等委員会＋会計監査人 |
| 大会社ではない会社 | （3）<br>取締役会＋監査役<br>取締役会＋監査役会<br>取締役会＋監査役＋会計監査人<br>取締役会＋監査役会＋会計監査人<br>取締役会＋指名委員会等＋会計監査人<br>取締役会＋監査等委員会＋会計監査人 | （4）<br>取締役<br>取締役＋監査役<br>取締役＋監査役＋会計監査人<br>取締役会＋会計参与<br>取締役会＋監査役<br>取締役会＋監査役会<br>取締役会＋監査役＋会計監査人<br>取締役会＋監査役会＋会計監査人<br>取締役会＋指名委員会等＋会計監査人<br>取締役会＋監査等委員会＋会計監査人 |

　したがって、最小限の機関の組み合わせは、**「株主総会＋取締役」**です。もちろん、必要であると考えれば、一定のルールのもと、比較的自由・柔軟に、他の機関を追加で置くことができます。

　このタイプの会社では、株主総会の他に取締役会と監査役1名程度を置く会社が比較的多いようですが、比較的最近に設立された新興企業では、株主総会と取締役しか置かない会社も見られるようになってきています。

# 上場企業の機関設計には
# ３タイプある

コーポレート・ガバナンスの
新しい考え方から生まれた機関設計

## ● 公開会社かつ大会社の場合の機関設計には３通りある

　前項で説明したとおり、公開会社かつ大会社の場合には、株式会社の機関の設計は、**「監査役会設置会社」「指名委員会等設置会社」「監査等委員会設置会社」** の３種類の中から選択しなければなりません。また、東京証券取引所（東証）の規則では、東証に上場する企業は、一部の例外を除き、監査役会、監査等委員会、または指名委員会等のいずれかを置かなければならないとされています。その結果、ほとんどの上場企業が、この３つの機関設計のうちのどれかを採用しています。

　このうち、法律で最初に認められた機関設計は監査役会設置会社であり、指名委員会等設置会社と監査等委員会設置会社は、平成の時代に設けられた、比較的新しい機関設計の方法です。

## ● 監査役会設置会社の機関設計

　前述した３つのうち、上場企業で最も多い機関設計は、**「監査役会設置会社」** です。

　監査役会設置会社とは、典型的には、株主総会の下に、取締役会と監査役会があり、取締役会が原則として会社の業務執行に関する

意思決定と個々の取締役の監督を行い、取締役会の指揮と監督のもと、代表取締役と業務執行担当取締役が会社の業務執行を行います。そして、監査役会が取締役などの業務執行の監査と会計監査を行い、会計監査人が会計監査を行います。

　監査役や監査役会の内容や役割については、156 〜 165 ページで詳しく説明します。

## ● 指名委員会等設置会社の機関設計

「**指名委員会等設置会社**」とは、それぞれ取締役を構成員とする**指名委員会・監査委員会・報酬委員会**という３つの委員会を置く株式会社のことです。それぞれの委員会のメンバーである取締役のうち、過半数は社外取締役でなければなりません。

　指名委員会等設置会社では、この３つの委員会が、「人事」・「報酬」の決定（それを通じた監督）と、「監査」とを行い、これらの委員会が決定した事項は、会社の経営陣は原則として覆せません。このように３委員会が強い権限を持ち、取締役会は会社の基本事項の決定と、委員会の委員・執行役等の選解任を通じた監督を行うにとどまります。また、具体的な会社の業務執行は、取締役ではなく執行役が行います。監査業務は監査委員会が行うため、監査役は置かれません。

　指名委員会等設置会社に置かれる機関の内容や役割については、172 〜 175 ページで詳しく説明します。

## ● 監査等委員会設置会社の機関設計

「**監査等委員会設置会社**」とは、**監査等委員会**を置く株式会社のことをいいます。指名委員会等設置会社には３つの委員会を置かなけ

ればなりませんが、監査等委員会設置会社で置かなければならない委員会は、監査等委員会の1つだけです。

監査等委員会設置会社では、取締役会が原則として会社の業務執行に関する意思決定と個々の取締役の監督を行い、取締役会の指揮と監督のもと、代表取締役と業務執行担当取締役が会社の業務執行を行います。この点は、監査役会設置会社と同じです。

他方、監査等委員会設置会社には監査等委員会が置かれ、そのメンバーである監査等委員は全員取締役で、監査等委員が監査業務を行います。監査業務は監査等委員会が行うため、監査役は置かれません。

監査等委員会設置会社に置かれる機関の内容や役割については、176～179ページで詳しく説明します。

## ● 指名委員会等設置会社制度の導入の経緯

上場企業を含む規模の大きな株式会社には、機関設計の選択肢はもともと監査役会設置会社しかなかったにもかかわらず、なぜ、指名委員会等設置会社と監査等委員会設置会社という新しい機関設計の形態が作られたのでしょうか。

まず、指名委員会等設置会社からみていきましょう。指名委員会等設置会社は、2002年（平成14年）の旧商法の改正（2003年〈平成15年〉4月1日施行）の際に、日本に導入された機関設計です（当初の導入時は「委員会等設置会社」という名称でした）。

それでは、なぜ指名委員会等設置会社という制度が日本に導入されたのでしょうか。

株式会社の制度のもとでは、取締役は他の取締役、特に代表取締

# 監査役会設置会社、指名委員会等設置会社、監査等委員会設置会社のイメージ

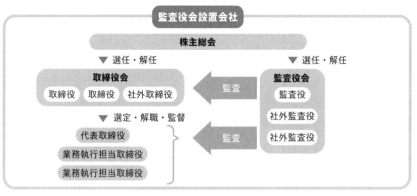

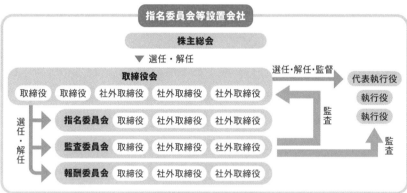

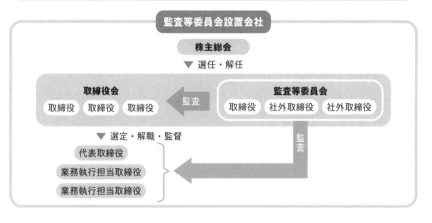

役の職務執行を監督することが重要な職務の1つです。しかしながら、多くの日本の大企業では、伝統的に、取締役は従業員の社内での出世の最終到達地点である場合が多く、また、かつては、取締役は社内出身者がほとんどで、社外取締役は非常に少なかったため、取締役が自分より地位が上の取締役や代表取締役を監督する、という職務を果たすことが非常に難しい状況が続いていました。

しかし、その後、企業経営の効率性やコンプライアンスの重視といった問題意識を踏まえ、コーポレート・ガバナンスの在り方としてどのような機関設計がいいのか、という議論が、欧米を中心に活発化しました。その中で、米国の制度を参考に日本で生まれたのが、指名委員会等設置会社という機関設計の方法です。

指名委員会等設置会社は、欧米の上場企業で見られる**モニタリング・モデル**というガバナンスの形態を参考にして設けられました。

モニタリング・モデルとは、取締役会の主な機能を、経営の意思決定ではなく、**経営陣を監督すること**に求める考え方です。すなわち、モニタリング・モデルにおける取締役会は、取締役の多くを社外取締役とし、経営の意思決定に関しては基本方針の決定にとどめ、業績の評価や経営陣の選任・解任を取締役会の中心的な業務とするガバナンスのモデルをいいます。

伝統的な監査役会設置会社では、取締役会は広範な業務について意思決定することを主な職務としている（**マネジメント・モデル**と呼ばれることもあります）のとは対照的なガバナンス・モデルといえます。

## ●監査等委員会設置会社制度の導入の経緯

監査等委員会設置会社は、2014年（平成26年）の会社法改正（2015年〈平成27年〉5月1日施行）で導入された、3つの機関設計の中では最も新しい制度です。

2003年に指名委員会等設置会社の制度が導入されましたが、この制度を採用する会社の数はあまり増えず、少数にとどまっていました（現在でも、指名委員会等設置会社である上場企業は100社に達していません）。その理由としては、指名委員会等設置会社では、社外取締役が過半数を占める指名委員会・報酬委員会による、会社の取締役の人事（選任など）や報酬についての決定を、取締役会も覆すことができないルールになっているため、こうした厳格なルールが会社の経営トップ層に好まれず、この機関設計の採用をためらわせた、といわれています。

しかしながら、コーポレート・ガバナンスの議論がさらに高まり、社外取締役を置くことが国際的に潮流となる中で、日本でも社外取締役の導入を促進させることが必須の要請となっていたため、そうした要請を満たしやすく、かつ、日本の多くの上場企業にも馴染みやすい新しい機関設計として考えられたのが、監査等委員会設置会社でした。

**監査等委員会設置会社は、監査役会設置会社と指名委員会等設置会社の中間的な機関設計**であり、監査役会設置会社を採用していた会社でも採用しやすい機関設計であったため、制度新設後は、非常に多くの上場企業に導入が広がりました。

# ④

# 株主総会では何を
# 決めることができるのか

最高の意思決定機関であるが、取締役会のある会社では、
決議できるのは会社経営の最重要事項に限定される

## ● 株主総会とは

　株主総会は、**株主を構成員とし、会社としての意思を決定する機
関**です。株主総会は、会社の機関の中で、意思決定に関しては最高
位にある機関であり、株主総会を「**会社の最高の意思決定機関**」と
表現する場合もあります。株主は会社の所有者（オーナー）ですので、
これは当然の特徴ともいえます。

　会社の組織図が作成される場合も、株主総会は、取締役会や代表
取締役よりも上の位置に書かれているのを見たことがあるかと思い
ます。これも株主総会が会社の最高の意思決定機関であることを示
したものです。

## ● 取締役会設置会社の株主総会の決議事項の範囲

　ただし、株主総会は会社の最高の意思決定機関ではありますが、
取締役会が設置されている株式会社の場合には、株主総会は、会社
のどんなことでも決定できるわけではありません。取締役会設置会
社の株主総会では、法律で定められた事項と、定款で定めた事項に
限って、株主総会で決議することができます。

　このように株主総会の決議事項を限定されているのは、取締役会

## 株主総会の決議事項の範囲

| 取締役会設置会社 | 会社経営の最重要事項のみ（細かなことは下の地位の機関に任せる） |
| 取締役会非設置会社 | 会社に関する全ての事項 |

設置会社では、株主総会で会社のあらゆる細かいことまで決定できるとするのは逆に非効率であり、**会社にとって最重要な事柄以外は、取締役会など、株主総会より下の地位の機関に決定を任せるのが合理的である**、と考えられているためです。

　法律で定められた株主総会決議事項には、**❶取締役や監査役などの選任や解任**という、役員等の人事に関する事項、**❷定款変更、合併・会社分割**など、会社の基礎的な変更に関する事項、**❸剰余金の配当**など、株主の利益に関する事項、**❹株主総会以外の機関が決定すると株主の利益が害される事項**（**取締役の報酬**など）、があります。

## ●取締役会非設置会社の株主総会の決議事項の範囲

　これに対して、取締役会が置かれていない株式会社の株主総会では、会社に関する一切の事項について決議することができます。取締役会非設置会社は、会社の規模も比較的小さく、また株主と経営陣が同一の場合も多いため、こうした会社では、株主総会が全ての事項について決議できるほうが効率的であると考えられているためです。

# 株主総会の招集の
# ルールをおさえよう

株主総会の開催を株主に知らせる「招集」の方法は、
会社法に詳しく規定されている

## ●株主総会の招集とは

　株主総会を開催するためには、株主に対し、株主総会が開催されることを知らせ、株主総会に参加したり議決権を行使したりする機会があることを伝えることが必要です。これが株主総会の「招集」という手続です（「召集」ではありません）。会社法には、株主総会の招集をいつまでにする必要があるか、何を株主に知らせる必要があるか、などについて、詳細なルールが定められています。

　会社法上、株主総会を招集できるのは原則として取締役ですが、例外的に、一定割合の議決権を持つ株主（公開会社の場合には、総株主の議決権の100分の3以上の議決権を6カ月以上保有する株主。定款で6カ月未満に短縮可能）が招集することもできます。

## ●株主総会の招集の時期

　株主総会は、招集の時期に関して、「定時株主総会」と「臨時株主総会」の2種類に分かれます。

　定時株主総会は、年に1回開催される株主総会であり、**毎事業年度の終了後、一定の時期に招集しなければならない**、と定められています。定時株主総会は、終了した事業年度に関する計算書類の承認・

## 株主総会の種類

| 定時株主総会 | 年に1回開催される。毎事業年度の終了後、一定の時期に招集しなければならない。 |
| 臨時株主総会 | 定時総会の開催を待っていては間に合わないような事項を決議する場合に開催されることが多い。 |

報告や事業報告を本来の目的とするものですが、併せて、剰余金の配当や取締役・監査役の選任などを決議することも多いです。

　また、臨時株主総会とは、文字通り臨時で開催される株主総会であり、招集権者は、必要がある場合には、いつでも臨時株主総会を招集することができます。年に1回の定時総会の開催を待っていては間に合わない、緊急の決議事項を決議する場合に招集されることが通常です。

## ●株主総会の招集の際の決定事項

　取締役会設置会社では、株主総会を招集する場合には、取締役会の決議により、次の❶〜❺の事項を決定しなければなりません。また、取締役会非設置会社の場合には、取締役の決定（取締役が2名以上の場合には、取締役の過半数の決定）により、次の事項を決定しなければなりません。

❶株主総会の日時・場所
❷株主総会の目的事項がある場合には、当該事項
❸株主総会に出席しない株主が書面による議決権行使をす

ることを認めるときは、その旨

　❹株主総会に出席しない株主が電磁的方法による議決権行
　　使をすることを認めるときは、その旨

　❺その他、法務省令で定める事項

---

　❷の「目的事項」とは、株主総会の**「議題」**のことです。議題は、報告事項と決議事項とに分かれます。

　❸については、株主（会議の目的事項の全部について議決権を行使することができない株主を除く）の数が 1,000 人以上の場合には、特別な例外の場合を除き、**書面による議決権行使**（→ 106 ページ）を認めなければなりません。上場企業の株主総会ではほぼ全て、書面による議決権行使が認められています。

　❹の**電磁的方法による議決権行使**の採用は自由です。

## ● 株主総会の招集方法

　株主総会の招集が決定された場合には、取締役は、株主に対して、その招集を通知しなければなりません。

　公開会社の場合には、株主に対し、招集通知を、株主総会の日の２週間前までに、書面で発しなければなりません（株主の同意があれば、Ｅメールなどの電磁的方法で発することも可能です）。

　株主総会の招集通知には、前記の❶〜❺の事項の記載が必要です。

　非公開会社の場合には、招集通知は、原則として、株主総会の日の１週間前までに発しなければなりません。取締役会非設置会社では、招集通知は、株主からの書面または電磁的方法による議決権行使を認める場合を除き、書面ではなく、口頭ですることもできます。

## 株主総会の招集（公開会社の場合）

取締役会で株主総会の日時・
場所、議題などを決定

株主総会の日の2週間前までに
招集通知を発送
※株主の同意があればメールなどでの招集も可

株主総会の開催

---

株主各位

●●株式会社

第●回定時株主総会招集ご通知

記

1．日時　●年●月●日

2．場所　東京都千代田区●●ビル

3．会議の目的事項

報告事項　＊＊＊＊

決議事項　＊＊＊＊

---

　招集の決定のときに、書面による議決権行使を認めた場合には、招集の通知に際して、招集通知に加えて株主総会参考書類（→ 106ページ）と議決権行使書面（→ 106ページ）を交付しなければなりません（電磁的方法による議決権行使を認めた場合については、107ページをご覧ください）。また、「定時」株主総会の招集の通知の際には、計算書類と事業報告を（さらに監査報告や会計監査報告も）株主に提供しなければなりません。

　なお、令和元年（2019年）会社法改正で、株主総会資料（株主総会参考書類、議決権行使書面、計算書類、事業報告、監査報告、会計監査報告、および連結計算書類）について、招集の通知の際に、株主に書面や電磁的方法で交付する代わりに、会社のウェブサイトなどに掲載することで、株主に対してそれらの資料を適法に提供したものとする制度（**電子提供制度**）が新設されました（施行時期は未定です）。

# 株主提案権とは何だろう

会社からではなく、一定の株主からも、
株主総会の議題や議案を提案する権利が認められている

## ● 株主提案権とは

　株主総会の議題や議案は、通常、会社の取締役や代表取締役など
の経営陣が作成し、取締役会で承認されて株主総会に提出されます。
しかし、会社法では、一定の大株主にも、株主総会に議題や議案を
提案する権利を認めており、これを「**株主提案権**」といいます。

　ここでいう「議題」とは、**株主総会の目的事項**のことであり、た
とえば、「**取締役選任の件**」といったものです。また、「議案」とは、
**議題に関する具体的な提案内容**のことであり、たとえば、「**取締役と
してＡさんを選任すること**」といったものです。

　**株主提案権には、「議題提案権」「議案通知請求権」「議案提案権」
の３つがあります。**以下、それぞれ順に説明します。

## ● 議題提案権とは

　取締役会設置会社では、総株主の議決権の 100 分の 1 （ 1 ％）以
上の議決権、または 300 個以上の議決権を、 6 カ月前から引き続き
保有する株主は、株主総会の議題を提案することができます（なお、
定款で、「100 分の 1 」「300 個」「 6 カ月」の要件を引き下げること
が可能です）。ただし、取締役会設置会社であっても非公開会社の場

## 株主提案権

| | 持株要件 | 行使期限 | 提案できる内容の制限 |
|---|---|---|---|
| 議題提案権 | 総株主の議決権の100分の1以上の議決権、または300個以上の議決権を、6カ月前から継続保有（公開会社の場合） | 総会の日の8週間前まで | 制限なし |
| 議案通知請求権 | 同上 | 総会の日の8週間前まで | 数・内容などに制限あり |
| 総会における議案提案権 | なし | 総会当日 | 総会の議題以外の議題は行使不可 |

合には、「6カ月前から引き続き保有する」という要件はありません。

この議題提案権は、**株主総会の日の8週間前**（定款で引き下げ可能）**までに会社に対して請求することが必要です。**

### ● 議案通知請求権とは

また、議題提案権の場合と同じ要件を満たす株主には、**「議案通知請求権」**も認められます。議案通知請求権とは、株主が株主総会で提案する議案の要領を株主に通知することを求める権利です。この議案通知請求権も、株主総会の日の8週間前（定款で引き下げ可能）までに会社に対して請求することが必要です。

ただし、議案通知請求権は、❶その議案が法令・定款に違反する場合、または、❷実質的に同一の議案について株主総会で総株主の議決権の10分の1以上の賛成を得られなかった日から3年を経過し

ていない場合には、認められません。❸さらに、令和元年（2019年）会社法改正により、取締役会設置会社における議案通知請求権に関しては、提出できる議案の数の上限が10個に制限されました（2021年3月1日施行）。

　議題提案権と議案通知請求権が適法に行使された場合、招集通知を書面で作成する会社は、株主が提案した議案の内容を、招集通知に記載することで株主に知らせることとなります。

## ●株主総会における議案提案権とは

　株主は、**株主総会の当日に総会の会場で**、その株主総会の目的事項（議題）について、自ら考えた議案を提出することができます。これは一般に、「修正動議」とも呼ばれるものです。この**議案提案権**は、事前に会社に伝える必要はなく、いきなり株主総会の会場で提案できるものであり、また、議決権を1個（上場企業であれば1単元株＝100株）でも持っていれば行使できます。ただし、その株主総会で目的事項（議題）となっていない議題について、議案を提案することはできません。

　また、この議案提案権は、前述した議題通知請求権の認められない要件である❶または❷を満たす場合には、認められません。

　具体例をあげて説明します。たとえば、株主総会で「取締役3名選任の件」という議題が会社から提案されていて、会社が具体的にAさん、Bさん、Cさんを取締役候補者として議案を提案していた場合、株主は、株主総会の会場で、「取締役はA、B、Cではなく、自分が推薦するD、E、Fにしてほしい」という議案を提案できます。

　他方、ある株主が、会社の取締役Dさんを解任すべきと考え、株主総会の会場で、「Dを取締役から解任せよ」と提案したとします。

この場合、仮にその株主総会に「取締役○名解任の件」という議題があった場合（そこで解任の対象としている取締役はＤさんでなくても構いません）には、株主がそうした提案をすることは認められます。しかし、そうした議題がなかった場合には、株主のそうした提案は、不適法なものとして許されません。その株主総会で議題となっていない新しい議題について、議案を提案することはできないからです。

このように、株主総会当日における議案提案権は、その総会ですでに議題となっているもの（書面の招集通知の場合には、それに議題として記載されているもの）について、その議題の範囲内で、議題の具体的内容（すなわち、議案）を修正することを提案できる権利にすぎないことに、注意が必要です。

言い換えますと、株主が「議題」を新しく提案するには、前述した「議題提案権」によらなければならず、したがって、株主総会の日の８週間前までに行使しなければならないのです。

## ●株主提案権の実務上の使われ方

たとえば、ある会社に対し、経営を改善すべきなどと考える投資ファンドや機関投資家などの株主が、その会社の現経営陣を交替させようと考え、そのために株主提案権を行使して、その会社の定時株主総会で、現在の取締役の解任を求めようとすることがあります。

この場合、会社が定時株主総会で取締役の解任を議題とすることは通常はありません。そこで、こうした株主が、取締役の解任を定時株主総会のテーマとするには、株主総会当日の「議案」の提案という方法ではできないため、株主総会の日の８週間前までに、取締役の解任を「議題」として会社に提案することになります。

# 7

# 議決権のルールと
# 行使方法を知ろう

議決権の行使は、株主総会の会場に行かなくても、
書面などで郵送することでもできる

## ●議決権についての原則

　株主は、株主総会で、1株について1個の議決権を有するのが原則です。しかし、この原則には、いくつかの例外があります。1つひとつ見ていきましょう。

## ●単元株制度の場合の議決権

　まず、定款で「単元株制度」（→76ページ）を採用している会社は、**1単元の株式につき1個の議決権を有する**ことになり、**1単元未満の株式（単元未満株式）には議決権はありません。**

　現在、国内の全ての上場企業では、単元株式数を100株（すなわち、100株＝1単元の株式）とすることで統一されています。したがって、上場企業の株式を100株保有している場合、その企業の株主総会での議決権は1個です。

## ●議決権のない株式

　まず、会社が保有する自社の株式、すなわち**自己株式**（→68ページ）**には、議決権はありません。**自己株式に議決権を認めると、会社経営陣が自らの都合のいいように議決権を行使してしまい、会社支配

## 単元株制度の場合の議決権

※100株＝1単元としている会社の場合

| 90株 | 100株 | 500株 |
|---|---|---|
| 0単元なので議決権は0 | 1単元なので議決権は1 | 5単元なので議決権は5 |

の公正を害するからです。

　また、株主総会の議決権の行使に関して基準日（→56ページ）を定めた場合には、基準日後、その株主総会の前に新たに発行された株式については、原則として議決権はありません。

## ● 議決権の行使の方法

　株主は、株主総会の決議事項、たとえば取締役選任議案や定款変更議案などに対し、自らが持つ議決権を、どのように行使するのでしょうか。

　株主総会の議決権は、実際に株主総会の会場に行き、決議事項に対して拍手などで賛否の意思を示すことで行使するのが原則です。また、一定の要件を満たせば、オンラインの方法で株主総会に参加し、オンラインで議決権を行使することも可能です。

　また、株主は本人ではなく、**代理人が出席**することにより議決権

を行使することもできます。

　株主が法人の場合には、法人の代表者ではなく、従業員が株主総会に出席することがあります。多くの上場企業の定款では、株主総会に出席する株主の代理人がその会社の株主であることを要求していますが、こうした法人株主の従業員が出席する場合には、その従業員自身が株主でなくてもよい、と考えられています。

## ● 書面・電磁的方法による議決権行使

　代理人による出席以外で株主総会に出席せずに議決権を行使する方法としては、「**書面による議決権行使**」と「**電磁的方法による議決権行使**」の2つがあります（**書面投票・電子投票**とも呼ばれます）。

　書面による議決権行使は、**議決権を有する株主数が1,000人以上の会社は必ず認めなければなりません**が、それ以外の会社の採用は自由です。上場企業の株主総会では、ほぼ全ての会社が書面による議決権行使の方法を実施しているものと思われます。

　株主に「書面による議決権行使」を認める場合には、招集通知に、「**株主総会参考書類**（議決権の行使について参考となる事項を記載した書面。議案の内容や提案理由が記載されています）」と「**議決権行使書面**（株主が議決権を行使するための書面）」を添付したものを、株主に交付しなければなりません。

　株主は、交付を受けた株主総会参考書類を見て議案に賛成か反対かを判断し、議決権行使書面に各議案について賛否を記入して、一定の期限までに会社に提出する（上場企業の場合には、株主名簿代理人に郵送するのが通常）ことで、株主総会に実際に出席せずに、

## 書面による議決権行使

招集通知と一緒に発送

議決権行使書面 →

← 議決権行使書面に各議案への賛否を記入し、提出

会社または
株主名簿管理人

株主

議決権を行使することができます。書面による議決権行使による議決権数は、出席した株主の議決権数に参入して計算されます。

「電磁的方法による議決権行使」の採用は、自由です。

電磁的方法による議決権行使を認める場合、会社は、株主総会参考書類を株主に交付、または（株主の承諾があった場合には）電磁的方法で提供し、かつ、株主の承諾または株主からの請求があった場合には、議決権行使書面に記載すべき事項と同じものを電磁的方法で株主に提供します。株主は、議決権行使書面に記載すべき内容を、電磁的方法により会社に提供することで、議決権を行使します。

具体的には、会社が、電磁的方法による議決権行使のための専用のウェブサイトを設け、そのウェブサイトにログインするためのID（議決権行使コード）とパスワード、QRコードを株主に提供し、株主がそのIDとパスワードを入力して（またはQRコードを読み取ることで）専用のウェブサイトにログインして、議案の賛否などを入力して会社に送信する、という方法が採られるのが通常です。

# PART4

## 8

# 株主総会の議事は
# どのように行われるか

株主から質問された場合、取締役や監査役には、
原則として回答・説明する法的な義務がある

### ●株主総会の議事進行・議事運営の原則

　株主総会の議事の進行方法については、会社法には具体的な定め
はなく、したがって、定款または（業界慣行ともいうべき）慣行に則っ
て行われます。上場企業の株主総会は、総会の開始から終了まで、
議長が何を発言してどのように議事を進行させ、どのように採決を
採るかなどについて、事前にシナリオを作成し、総会本番はそのシ
ナリオに則って行われることが一般的です。

### ●株主総会の議長

　株主総会の議事の運営は、原則として議長が行います。議長を誰
がするかについては、通常は定款に定めがありますので、その定款
の規定に従って決められますが、取締役社長が行うこととなってい
る場合が多いです。

　議長は、株主総会の秩序を維持し、議事を整理するものとされ、
自らの命令に従わない者、その他株主総会の秩序を乱すものを退場
させることもできます。

## ●取締役・監査役らの説明義務

　会社法上、取締役・監査役・執行役・会計参与は、株主総会において、株主が株主から特定の事項について質問を受け説明を求められた場合には、必要な説明をしなければなりません。これを取締役らの**「説明義務」**といいます。

　ただし、例外的に、以下の場合には、説明義務はありません。

---

　❶質問事項が株主総会の議題に関しないものである場合

　❷説明することにより株主の共同の利益を著しく害する場合

　❸説明のために調査をすることが必要な場合（ただし、株主が総会の日より相当の期間前に質問事項を会社に通知していた場合や、その事項について説明するために必要な調査が著しく容易な場合を除く）

　❹説明することにより株式会社その他の者の権利を侵害することとなる場合

　❺その株主がその株主総会で実質的に同一の質問を繰り返す場合

　❻その他正当な理由がある場合

---

　取締役らによる説明は、平均的な株主が、議題（報告事項と決議事項）を合理的に理解・判断するために客観的に必要な程度や範囲で行えば足りる、とされています。

　取締役らがこの説明義務に違反すると、株主総会の決議取消事由（決議方法の法令違反）にあたることになるので、注意が必要です。

# ⑨

# 株主総会の決議について

普通決議の原則型、普通決議で役員の選任・解任の場合、
特別決議の場合の３つのルールが特に重要

## ● 株主総会の決議要件

　株主総会の決議事項が可決するためには、原則として、❶定足数（ていそくすう）と、❷決議要件の２つの要件を満たす必要があります（❶と❷を合わせて「決議要件」と呼ぶ場合もあります）。

## ● 普通決議とは

「普通決議」とは、原則として、定款に別の定めがある場合を除き、**❶議決権を行使できる株主の議決権の過半数を有する株主が出席し（定足数）、❷出席した株主の議決権の過半数が賛成する（決議要件）必要がある場合**のことをいいます。

「定款に別の定めがある場合を除き」とあるとおり、この要件は定款で変更することもでき、実際にほとんどの上場企業では、普通決議の場合、定款で❶の定足数の要件を排除し（定足数を設けず）、❷の要件を満たせば、すなわち、出席した株主の数がどんなに少なくても、出席した株主の議決権の過半数が賛成すれば、可決することとしています。

## 普通決議

| | 定足数 | 決議要件 |
|---|---|---|
| 普通決議の原則 | 原則：過半数（議決権の過半数を有する株主が出席）<br>→定款で引き下げ・排除可能 | 出席株主の議決権の過半数<br>反対｜賛成 |
| 役員の選任・解任の場合 | 原則：過半数（議決権の過半数を有する株主が出席）<br>→定款で引き下げ可能。ただし３分の１以上（議決権の３分の１以上の割合を有する株主が出席）。排除は不可。 | 出席株主の議決権の過半数<br>→定款で引き上げ可能。引き下げは不可。 |

## ● 普通決議の場合の特例〜役員の選任・解任の場合

　ただし、役員（取締役・監査役・会計参与）の選任・解任の決議の場合には、普通決議ではあるものの、定款で別の定めをする要件に関して特別なルールがあります。

　具体的には、原則的な❶定足数と❷決議要件は、通常の普通決議の場合と同じですが、まず❶の定足数について、定款で、「議決権を行使できる株主の議決権の過半数」という要件を引き下げることはできるものの、それは「議決権を行使できる株主の議決権の３分の１」までしか下げることはできず、**定款で定足数の要件を完全に排除することはできません**。また、❷決議要件についても、「過半数」という要件を上回る割合を定款で定めることは可能ですが、これを下回る割合を定款で定めることはできません。

　以上より、役員（取締役・監査役・会計参与）の選任・解任の決

議の場合、最低限の要件は、❶議決権を行使できる株主の議決権の3分の1以上を有する株主が出席し（定足数）、❷出席した株主の議決権の過半数が賛成する（決議要件）必要がある、ということになり、多くの上場企業でも、この要件で行われています。

　なお、役員（取締役・監査役・会計参与）の選任・解任の決議のうち、監査役の解任や、監査等委員会設置会社における監査等委員である取締役の解任については、前記の特例はあてはまりません（これらについては、普通決議ではなく、特別決議が必要です）。

## ●特別決議とは

　会社にとって特に重要な事項については、普通決議より要件が加重される、「特別決議」という要件を満たす必要があります。

　具体的には、❶株主総会において議決権を行使することができる株主の議決権の過半数を有する株主が出席し（定足数）、❷出席した当該株主の議決権の3分の2（これを上回る割合を定款で定めた場合にあっては、その割合）以上に当たる多数をもって行う（決議要件）決議のことです。

　この場合、❶定足数は、定款で「3分の1」まで下げることができますが、定足数を完全に排除することはできません。また、❷の決議要件は、定款で3分の2以上の割合を定めることもできます。

　特別決議は、定款の変更、株式の併合、資本金の減少（一部を除きます）、会社の解散、事業の譲渡等の承認、組織再編の承認などの場合に必要な要件です。

## 特別決議

| | 定足数 | 決議要件 |
|---|---|---|
| 特別決議 | 原則：過半数（議決権の過半数を有する株主が出席）<br>→定款で3分の1まで引き下げ可能。排除は不可。 | 出席株主の議決権の3分の2以上※<br>反対 賛成 |

※定款で3分の2より大きい割合に引き上げ可能。

### ● 特殊決議とは

　決議事項の中には、特別決議よりもさらに厳格な要件を課しているものもいくつかあり、それを特殊決議といいます。たとえば、定款を変更して発行する株式の全部について譲渡制限をつける場合には、原則として、決議要件に関し、議決権を行使できる株主の半数以上（議決権数ではなく、株主の「頭数」の半数以上です）で、かつ、当該株主の議決権の3分の2以上の賛成が必要です。

### ● 採決の方法は？

　株主総会の決議事項についての採決の方法は、法令には定めがなく、議長の合理的な裁量に委ねられます。上場企業の株主総会でも、通常は拍手、「賛成」「異議なし」等の発声、起立、挙手など、総会会場にいる一人ひとりの株主が賛成したか反対したかを個別に確認しない方法によることが一般的です。

　もっとも、こうした方法は、書面による議決権行使や大株主の賛否の意思表示などにより、決議事項が可決か否決かの結論が明確であるため許されるものです。詳細は次のページをご覧ください。

# ● 誤解しやすい、株主総会の採決方法

　上場企業の株主総会で、ある議案についての採決は、通常は以下のようなやりとりで行われます。

> 議長　「第〇号議案『取締役〇名選任の件』の採決をいたします。原案にご賛成の株主様は、拍手をお願いいたします。」
> 株主　（拍手）
> 議長　「ありがとうございました。過半数のご賛同を得ましたので、本議案は原案どおり承認可決されました。」

　株主に、拍手ではなく、「賛成」などと声を出してもらうこともありますが、ここでは拍手を前提にして話をすすめます。

　この場合、議長や会社の担当者は、拍手をした株主の数が何人いたかとか、拍手をした株主がしない株主より多かったかとか、拍手の音が大きかったかどうかなどは、通常は全く確認していません。

　結構いい加減な採決の仕方をしているんだな、と思うかもしれません。しかし、こうしたやり方でも、「議案が承認可決されたかどうか」については、正しく確認できているのです。

　まず、この場合の議案の採決には、書面や電磁的方法による

議決権行使による賛否も含まれています。それらは総会の前日までに行使され、総会が始まる前までには結果は集計されており、書面や電磁的方法による議決権行使の結果だけで、その議案はすでに承認に必要な数の議決権（過半数など）の賛成を得られている場合も多いのです。そういう場合には、総会の会場で賛成する株主がどれだけいるかは、議案の可決・否決とはもはや関係なくなりますので、拍手を求めるという採決方法で問題ないのです。

また、書面や電磁的方法による議決権行使だけでは議案がまだ可決に必要な議決権数に至っていない場合もありますが、その場合でも、議案の採否を左右する程度のかなりの株式を保有する大株主が株主総会の会場で賛成すれば可決する場合には、議長や会社のスタッフは、採決の時に、その大株主が拍手をしたかどうかだけを目視でチェックし、大株主の賛成の議決権数を足して議案可決、とすることもあります。この場合も、大株主以外の株主の拍手については、確認は行いません。

したがって、株主総会に出席した株主が議案に賛成するかどうかを株主総会の場で一人ひとり厳密に確認する必要があるのは、上述した場合以外で、賛否が拮抗している場合だけであり、そういうケースは稀です。圧倒的多数の株主総会では、拍手や「賛成」などの発声で、採決を済ませているのです。

# 株主総会の決議の 効力・存在を争う方法とは

株主総会の決議の効力や存在は、後から争われることがある

## ● 株主総会の決議の効力や存在を争う３つの方法

　会社法上、すでに行われた株主総会の決議の効力や存在を、後から訴訟で争う手段は次の３つです。

❶株主総会の決議の取消しの訴え
❷株主総会の決議の無効の確認の訴え
❸株主総会の決議の不存在の確認の訴え

## ● 株主総会の決議の「取消し」の訴え

　株主総会の決議に、次の❶〜❸の事由がある場合には、会社法に規定された一定の者が、決議後３カ月以内に、「訴え」という方法によってのみ、その決議の取消しを請求することができます。「訴えという方法によってのみ」というのは、裁判所に訴えず、たとえば書面で会社に対して「決議を取り消せ」と請求しても、そうした請求はそもそも請求として認められない、という意味です。

❶招集手続または決議方法が、法令もしくは定款に違反し、または著しく不公正なとき

❷決議の内容が定款に違反するとき

❸決議に特別の利害関係を有する者が議決権を行使したことにより、著しく不公正な決議がされたとき

❶のうち、「招集手続の法令違反」とは、招集通知の発送漏れがあった場合、招集通知の発送が法定の期間より短い期間だった場合、招集通知に添付する書類に不備があった場合、などがあります。

また、「決議方法の法令違反」とは、取締役や監査役が株主総会の説明義務に違反した場合、定足数が不足していた場合、株主でない者が決議に参加した場合、などがあります。

さらに、「決議の方法が著しく不公正なとき」とは、株主が出席困難な時間・場所で株主総会を開催した場合などがあります。

❷は、定款で定めた人数の上限を超える人数の取締役を選任する決議をした場合などがあります。

株主総会決議取消しの訴えは、会社法上、**株主、取締役、執行役、監査役、清算人**（→ 272 ページ）のみが提起することができます。また、訴えを提起する期間も、決議後３カ月以内に限られます。このように訴えを提起できる者と期間を制限するのは、法律関係の早期の安定化を図るためです。

決議の取消しの訴えで原告が勝訴し、判決が確定した場合、その判決は、原告だけでなく、他の第三者に対しても効力を有します

（「対世効」といいます）。これは、決議に基づいて生じた多くの法律関係を画一的に確定させるためです。また、判決が確定すると、その決議は決議の時に遡って無効になります（「遡及効」といいます）。

　なお、裁判所が仮に、株主総会決議に取消事由があると判断した場合でも、それが招集手続または決議方法の法令・定款違反であるケースでは、裁判所は、❶その違反する事実が重大でなく、かつ、❷決議に影響を及ぼさないものであると認めるときには、原告の請求を棄却することができます（「裁量棄却」と呼ばれます）。

## ● 株主総会の決議の「無効の確認」の訴え

　株主総会の決議の内容が法令に違反する場合には、その決議の無効を、いつでも、誰からでも、どのような方法でも主張することができます（必ずしも、訴えの方法によらなくてもできます）。

　株主総会の決議の内容が法令に違反する場合とは、具体的には、計算ミスなどにより本来は分配可能額（→213ページ）が不足しているにもかかわらずそれに気づかず、剰余金の配当の決議をした場合などがあります。

　会社法では、決議の無効が、訴え（**決議の無効の確認の訴え**）によって求められた場合には、その訴えで原告が勝訴する判決が確定すると、その判決は、第三者に対しても効力を有する効果（対世効）を認めています。

## ● 株主総会の決議の「不存在の確認」の訴え

「株主総会の決議が存在しない場合」とは、具体的には、実際には株主総会決議が存在しないのに、決議があったものとして議事録が作成され、登記がなされていた場合などがあります。

## 決議の取消し、無効、不存在の訴え

| | 訴えを起こすことができる人 | 理由 | 訴えることができる期間 |
|---|---|---|---|
| 決議の**取消しの**訴え | 株主、取締役、執行役、監査役、清算人 | ●招集手続や決議方法が法令や定款に違反している<br>●決議内容が定款に違反している<br>●決議に利害関係のある株主が議決権を行使したために著しく不公正な決議がされた | 決議後３カ月以内 |
| 決議の**無効の**確認の訴え | 誰でもOK | ●決議内容が法令に違反している | 制限なし |
| 決議の**不存在の**確認の訴え | | ●実際には株主総会決議が存在しないのに、決議があったものとして議事録が作成され登記されていた場合など | |

　こちらも、決議の無効の場合と同様、そのことを、いつでも、誰からでも、どのような方法でも主張することができます。必ずしも、訴えの方法によらなくてもできます。

　ただし、会社法では、**決議の不存在を確認する訴え**という制度が認められており、この訴えがされた場合には、原告が勝訴する判決が確定すると、その判決は、第三者に対しても効力を有する効果（対世効）が認められます。

# 取締役とはどんな役職なのか

取締役会のメンバーとして意思決定・取締役の監督に
関与する、株式会社に必ず置かれる機関

## ● 取締役は株式会社で必ず置かれる機関

取締役とは、取締役会のメンバーとして、取締役会が行う会社の意思決定や他の取締役の監督を行うほか、業務執行を行う権限を取締役会から与えられた場合（代表取締役を含む）には、自ら業務執行を行う者のことをいいます（ただし、社外取締役〈→ 124 ページ〉や指名委員会等設置会社の取締役〈→ 172 ページ〉は、原則として、業務執行を行う権限がありません）。

会社法上、**株式会社には、必ず取締役が置かれます。**

**取締役会が置かれる株式会社には、最低 3 人以上の取締役を置かなければなりませんが、取締役会が置かれない株式会社の場合には、**取締役は最低 1 人でも足ります。

## ● 取締役と他の立場との兼任

取締役は、監査役（または親会社の監査役）を兼任することはできません。監査役は取締役の職務執行を監査することがその職務である以上、取締役と監査役とを兼任できるとすると、監査する人と監査される人が同一人になってしまい、その職務が適切に果たせないおそれがあるためです。

**取締役の選任と任期**

株主総会の普通決議 →選任→ 取締役

任期は原則2年
（定款または株主総会の
決議で短縮できるが、
伸ばすことはできない）

他方、取締役と従業員とを兼ねることは認められています。

## ● 取締役の選任

　取締役は、株主総会の決議により選任されます。選任は普通決議で足りますが、定足数は、総株主の議決権の3分の1以上としなければなりません（→111ページ）。

## ● 取締役の任期

　取締役の任期は、原則として2年（正確には、選任後2年以内に終了する事業年度のうち最終のものに関する定時株主総会の終結の時まで）です。ただし、この任期は、定款または株主総会の決議で短縮することができます。実際に、定款で取締役の任期を1年としている上場企業も比較的多いです。

　他方、取締役の任期を2年から延ばすことはできません。もっとも、取締役の再任は可能で、再任の回数にも会社法上は制限はありませ

ん。

　なお、非公開会社（監査等委員会設置会社および指名委員会等設置会社を除く）では、定款で、取締役の任期を10年まで（選任後10年以内に終了する事業年度のうち最終のものに関する定時株主総会の終結の時まで）延ばすことが認められています。これは、規模の小さな非公開会社で、取締役の改選の頻度を少なくし、改選によって生じるコスト（登記費用など）等を削減できるようにするためのものです。

　また、指名委員会等設置会社の取締役と監査等委員会設置会社の取締役の任期については、異なるルールが採られています（→172ページ、176ページ）。

## ● 取締役の終任

　取締役の終任事由には、❶任期の満了、❷辞任、❸解任、❹死亡、破産手続開始、などがあります。

　❷の辞任についてですが、取締役はその任期中、いつでも辞任することができます（ただし、辞任の意思表示は会社に伝達しなければなりません）。

　❸の解任については、取締役は、その任期中いつでも、株主総会の決議によって解任できます。株主総会の決議以外の方法、たとえば、取締役会の決議では解任できません。

　任期中に解任された取締役は、その解任に「正当な理由」がある場合を除き、会社に対して、解任によって生じた損害（通常は、残りの任期に得られたはずの報酬相当額がこれにあたります）の賠償

を請求することができます。逆にいえば、解任に「正当な理由」がある場合には、会社はその取締役に対し、残りの任期の報酬相当額を支払う必要はありません。「正当な理由」がどのようなものをさすのかについては事例ごとにケース・バイ・ケースで判断され、この点が議論になった裁判例もいくつもある状況です。

　なお、「正当な理由」があるかないかで結論が分かれるのは、解任によって生じた損害の賠償に関してであり、解任そのものについては、「正当な理由」の有無に関係なく、株主総会の決議で賛成多数で可決されれば、認められます。

## Mini COLUMN

　非公開会社の取締役（監査等委員会設置会社や指名委員会等設置会社の場合を除く）や監査役は、定款で任期を最長10年とすることができ（→122、158ページ）、実際に中小企業では、取締役の任期を10年とする例もよくみかけます。こうすることは、コストや手間の削減というメリットがあるのですが、他方で、会社がこうした取締役を「解任」しようとする場合には、大きな問題が生じます。

　すなわち、任期が10年で、在任期間がまだ1～2年の取締役を会社が解任しようとした場合、その解任に正当な理由がない場合には、会社はその取締役の残りの8～9年の任期分の役員報酬に相当する額を賠償しなければならず、会社が賠償する金額が非常に高額になってしまうのです。

　取締役の任期を10年にする場合には、こういう問題も生じる可能性があることは理解しておくべきでしょう。

# 12

# 社外取締役とは
# どんな役職なのか

社外の立場から、経営陣の監視・監督をすることが
特に期待される存在

## ● 社外取締役とは

　社外取締役とは、株式会社の取締役のうち、**会社の業務の執行を
行わず、かつ、会社や経営陣から一定の独立性を有する者**をいいます。
社外取締役であるための要件は、簡単にいうと、次の２つです。

---

　❶「会社の業務の執行を行わない」職務であること

　❷「会社や経営陣から一定の独立性を有する」立場の者で
　　あること（社外性）

---

　なお、株式会社の取締役のうち、社外取締役以外の者を「社内取
締役」と呼ぶことがありますが、法律上の用語ではありません（社
外取締役は、会社法に規定のある法律用語です）。

## ● 社外取締役の「社外性」の要件

　前述した社外取締役の要件のうち❷の「会社や経営陣からの独立
性」、すなわち「社外性」については、次の全てに該当する必要があ

ります。極めて細かい要件となっていますので、本書をお読みの皆さんは覚える必要は全くなく、そんなものなのだとイメージをつかんでいただく程度で十分です。

❶現在、その会社または子会社の業務執行取締役・執行役・従業員（以下「業務執行取締役等」といいます）でなく、かつ、その就任の前の十年間に、その会社または子会社の業務執行取締役等であったこともないこと

❷その就任の前の十年間のいずれかの時点で、その会社または子会社の取締役・会計参与・監査役であったことがある者（業務執行取締役等であったことがあるものを除く）の場合には、当該取締役・会計参与・監査役への就任の前十年間、その会社または子会社の業務執行取締役等であったことがないこと

❸その会社の親会社等（自然人に限る）または親会社等の取締役・執行役・従業員でないこと

❹その会社の親会社等の子会社等（その会社および子会社を除く）の業務執行取締役等でないこと

❺その会社の取締役・執行役・重要な従業員または親会社等（自然人に限る）の配偶者・二親等内の親族でないこと

## ● 社外取締役の意義・趣旨

前述したように、社外取締役は、会社の業務執行を行いませんし、

また会社や経営陣から一定の独立性を有しています。こうした特徴により、**社外取締役が、経営陣から独立した立場で、経営陣による会社経営や業務執行を実効的に監督する**ことを、会社法は期待しているのです。

また、社外取締役には、経営の「監督」という役割にとどまらず、**外部の立場から会社経営にとって有益な「助言」をする**という機能を果たすことも期待されています。

## ●社外取締役を置くことが必要な会社は？

指名委員会等設置会社（→89ページ）、監査等委員会設置会社（→89ページ）では、社外取締役の設置は必須です。これらの会社では、最低2人以上の社外取締役を置く必要があります。

他方、監査役設置会社では、従来は社外取締役の設置は義務ではありませんでしたが、令和元年（2019年）会社法改正（2021年3月1日施行）により、**監査役設置会社のうち、❶公開会社かつ大会社である監査役会設置会社で、かつ、❷金融商品取引法上の有価証券報告書の提出義務のある会社は、社外取締役を最低1名は置くことが義務付けられました**。なお、施行日に❶、❷を満たす会社は、施行日以降最初に終了する事業年度に関する定時株主総会の終結の時から、この義務付けが始まります。

**❷の要件により、監査役会設置会社かつ大会社である上場企業は全て、社外取締役を最低1名は置かなければなりません**（なお、上場企業以外にも「金融商品取引法上の有価証券報告書の提出義務のある会社」という会社が存在しますので、「金融商品取引法上の有価証券報告書の提出義務のある会社」イコール「上場企業」というわけではないことにご注意ください）。

## 社外取締役が取締役会を監督する

社外取締役

会社や経営陣から一定の独立性を持ち、会社の業務執行を行わない

会社経営や業務執行を厳しく監督

外部の立場から会社経営への助言

取締役会

## ● 業務執行の社外取締役への委託

　前述したとおり、社外取締役は、会社の業務の執行を行わないことがその要件です。しかし、会社が当事者となる一部の取引で、社外取締役が、経営陣からは独立した立場で、取引相手と交渉を行うことが必要な場合があります。しかし、こうした交渉は業務執行にあたるため、本来、社外取締役は行うことができないものです。

　そこで、こうした交渉についても社外取締役が行うことができるよう、株式会社と取締役（指名委員会等設置会社の場合には執行役）との利益が相反するなど一定の場合には、例外的に、会社は、その都度、取締役会の決議によって、業務執行をすることを社外取締役に委託でき、こうして委託された業務を執行しても（ただし、業務執行取締役や執行役の指揮命令を受けず、独立した立場で業務執行をすることが必要です）、社外取締役の要件が欠けることにはならない、というルールが定められています。このルールは、令和元年（2019年）会社法改正で新設されました（2021年3月1日施行）。

# 取締役会の職務とは何だろう

業務執行を決定し、個々の取締役の職務執行を
監督する重要な機関

## ● 取締役会とは

　取締役会は、全ての取締役で組織される会議体のことをいいます。
全ての株式会社に取締役会を置かなければならないわけではありま
せんが、公開会社（→ 82 ページ）、監査役会設置会社（→ 88 ページ）、
監査等委員会設置会社（→ 89 ページ）、指名委員会等設置会社（→ 89
ページ）は、取締役会を必ず置かなければなりません。

　なお、本項の以下の説明は、指名委員会等設置会社の場合を除き
ます。

## ● 取締役会のなすべきことは何か

　取締役会が行う職務は、次の３つです。

---

❶業務執行を決定（意思決定）すること
❷取締役の職務の執行を監督すること
❸代表取締役の選定と解職を行うこと

---

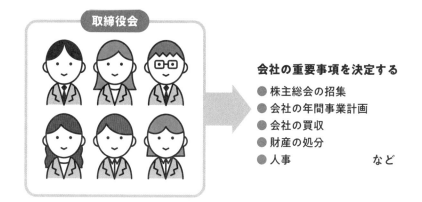

**取締役会では業務執行を決定する**

取締役会

**会社の重要事項を決定する**
- 株主総会の招集
- 会社の年間事業計画
- 会社の買収
- 財産の処分
- 人事　　　　　など

❸は❷の「監督」の具体的内容ともいえますので、取締役会の職務は、会社の業務執行についての**「意思決定」（❶）**と、取締役の職務執行の**「監督」（❷❸）**の２つに分かれる、といえます。

## ● 会社の業務執行の決定（意思決定）

　会社の業務執行の決定とは、たとえば「ある取引を開始・終了する」「ある不動産を事業用に購入する」「会社の年間の事業計画を決定する」といったさまざまな事項がこれにあたります。

　取締役会設置会社における取締役会は、法令や定款で「株主総会で決定しなければならない」と定められた事項を除き、会社の全ての業務執行について決定する権限を持ちます。しかし、あまりにも細かい事項まで全て取締役会で決定することは効率的ではないので、一定の重要な事項を除き、業務執行の決定を、取締役会から代表取締役その他の個々の取締役に委任することができます。

この場合の「一定の重要な事項」、すなわち取締役に業務執行の決定を委任できない事項は、重要な財産の処分・譲受け、多額の借財、重要な従業員の選任・解任、重要な組織の設置・変更・廃止、内部統制システムの整備など、重要な業務執行の決定があたります。

　多くの上場企業では、取締役会に付議する事項を取締役会規程などで定めていますが、そうした規程は、こうした会社法のルールに則って、自社に即したルールを定めているのが通常です。

　なお、取締役会設置会社で「業務執行の決定」を行うのは取締役会ですが、取締役会は、「業務執行」そのものは行いません。業務執行そのものは、取締役が行います。業務執行に関しては、**「意思決定は取締役会が行い、執行行為そのものは取締役が行う」** と理解してください。

## ● 取締役の職務執行の監督

　取締役会設置会社における取締役は、取締役であれば自動的に業務執行が可能となるのではなく、業務を執行する取締役は、以下の者に限られます。

---

❶代表取締役
❷取締役会の決定によって会社の業務を執行する取締役として選定された者

---

　つまり、取締役会設置会社で業務執行を行う取締役となるために

**取締役会は取締役の職務執行を監督する**

取締役会

職務執行を監督 →

代表取締役　　業務執行取締役に
　　　　　　　　選定された取締役

↓

３カ月に１回以上の頻度で、
職務の執行状況を取締役会に報告する

は、代表取締役以外は、原則として、**取締役会で個別に業務執行取締役として選定される必要があります**。

　こうして選定された業務執行取締役の職務執行を監督することは、取締役会の職務の１つです。


　代表取締役やその他の業務執行取締役は、３カ月に１回以上、自らの職務の遂行状況を取締役会に報告しなければなりません（実際に開催された取締役会での報告が必要であり、書面を提出する形で報告することは許されません）が、これは、取締役会が取締役の職務執行を監督するために役立つルールといえます。

　また、代表取締役の選定や解職（選任・解任ではなく、選定・解職といいます）は、取締役会がその権限を持っていますが、これは、取締役会によって、経営にとって不適当な代表取締役の首をすげかえることができることを意味するわけですから、代表取締役の選定・解職権は、取締役会の監督機能として非常に強力なツールといえます。

# 取締役会の運営の
# ルールを知ろう

取締役会は経営に関するさまざまな事項を報告し、
意見を交換し、決議する会議体

## ●取締役会の構成メンバー

　取締役会には、誰が出席する必要があるでしょうか。**取締役が出席する必要があるのは当然ですが、その他に、監査役も出席する義務があります。** したがって、取締役会と監査役が置かれた会社の取締役会は、取締役全員と監査役全員が、取締役会の構成メンバーとなります（ただし、監査役のうち、監査の範囲が会計に関するものに限定された監査役は、取締役会への出席義務はありません）。

## ●取締役会の招集

　取締役会は、各取締役が招集できるのが原則ですが、招集権者を定款または取締役会で定めることができ、その場合には、定められた招集権者が招集します。上場企業では、定款で、代表取締役が取締役会の招集権者であると定める場合が多いです。

　取締役会の招集の通知は、取締役会の日の1週間前までに、各取締役（監査役がいる場合には、監査役も取締役会への出席義務があるため、各監査役にも）に対して発する必要があります。招集期間は、定款で短縮可能です。また取締役（および監査役）の全員の同意があれば、招集手続を省略できます。

## 取締役会の構成メンバー

### 取締役会設置会社、監査役設置会社の場合

**取締役会**

代表取締役　取締役　取締役

社外取締役　監査役　監査役

×

代理人

取締役会には代理人は
出席できない

　招集の通知は、取締役会設置会社の株主総会とは違い、書面である必要はなく、メール、口頭、電話などの方法でも構いません。

　また、招集通知には議題を記載する必要は必ずしもなく、また、招集通知に書いていない議題について、取締役会の場でいきなり議題として提出して審議・決議することも許されます。取締役会のメンバーは、取締役会にどのような議題が予告なく提出されてもそれについて審議し判断することがその責務とされているとの考えからです。

## ●取締役会への出席方法

　株主総会の場合とは異なり、**取締役会には、代理人による出席は認められません**。取締役会の構成員は、それぞれの専門的な能力を信頼して選任された者である以上、本人が実際に取締役会に参加することが求められるためです。

取締役会は、現実に（リアルに）開催されることが原則として必要で、会議を開催しないで決議を行うことは、後述の取締役会の書面決議の場合を除き、認められません。もっとも、取締役会は現実に開催しつつ、取締役・監査役が電話会議・テレビ会議・ウェブ会議という方法で出席することは、❶出席者の音声（や画像）が即時に他の出席者に伝わり（即時性）、❷適時的確な意見表明が互いにできる状態となっている（双方向性）、という要件を満たせば、可能です。

　取締役会の議事の進め方については、法律に規定はなく、会社の取締役会規程や会議の一般的な慣行に従って行われるのが通常です。

## ● 取締役会の決議要件・特別利害関係取締役

　取締役会の決議は、議決に加わることができる取締役の過半数が出席し（定足数）、出席した取締役の過半数が賛成した場合（決議要件）に承認されたことになります。定款で定足数や決議要件を重くすることは可能ですが、軽くすることはできません。

　決議について特別の利害関係を有する取締役は、決議の公正を維持するため、議決に加わることができません（この場合の取締役を、「特別利害関係取締役」と呼ぶことがあります）。たとえば、代表取締役の解職の決議の場合、解職の対象となっている取締役は、その議題の議決に参加できません。

　なお、監査役は取締役会に出席する義務がありますが、監査役には取締役会の決議事項について議決権がありませんので、議決に加わることはできません（議決の場に同席することはできます）。

## ● 取締役会の決議の省略（書面決議）、報告の省略

　定款で定めれば、取締役会の決議事項について、実際の会議を開

## 取締役会の決議要件

取締役会

賛成　賛成　賛成

賛成　反対　反対

● 定足数：取締役の過半数が出席
● 決議要件：出席した取締役の過半数が賛成

決議の成立

かず、書面で決議をすることが可能です（**書面決議**）。すなわち、ある取締役が議題の提案をした場合に、取締役全員が書面または電磁的記録（Eメールなど）で同意の意思表示をし、かつ監査役が異議を述べなかった場合には、その提案を可決するとの取締役会決議があったものとみなすことができます。ほとんどの上場企業の定款にはこの書面決議の規定が設けられており、実務上も書面決議は広く使われています。

　また、取締役会に報告すべき事項について、取締役、監査役、会計監査人などが、取締役全員（および監査役全員）に対して通知をすれば、その報告事項について取締役会への報告を省略できます。**ただし、業務執行取締役による3カ月に1回以上の職務状況の報告は、省略できません**。このルールがあることにより、取締役会は、最低でも3カ月に1回は実際に開催しなければならないことになります。

## ⑮

# 代表取締役の地位と
# 権限をおさえよう

取締役会の指揮・監督下で会社の業務執行を行い、
対外的には会社を代表する存在

## ● 代表取締役とは

　会社法上、代表取締役とは、「株式会社を代表する取締役」のこと
をいいます。代表取締役の人数は1人でも2人以上でも構いません。

　なお、「社長」や「会長」という地位は多くの会社でみられますが、
これらは、会社法に規定のある地位ではありません。

## ● 代表取締役の地位

　代表取締役は、会社の中で最高の権限を持つトップの人間という
イメージがあるかもしれませんが、会社法上は、**あくまで取締役会
より下の地位にあり、取締役会の指揮・監督に服する立場**です。

　代表取締役は、取締役会の決議で選定され、また解職されます（選
任・解任ではなく、選定・解職といいます）。代表取締役は、自らの
意思で辞職することももちろんできます。

　代表取締役は、取締役であることを前提とした地位なので、代表
取締役が取締役の地位を失えば、自動的に代表取締役の地位も失い
ます。他方で、代表取締役が代表権のみを失った場合には、取締役
の地位は失いません。したがって、ある代表取締役について、代表
取締役のみならず取締役としての地位をも強制的に失わせようとす

## 代表取締役の地位

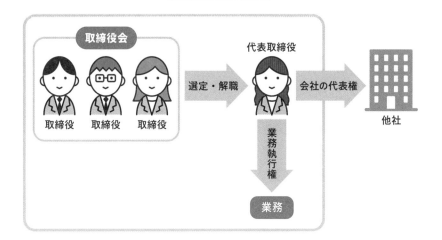

る場合には、取締役会でできることは代表取締役の解職により代表権を剥奪するにとどまり、**取締役の地位を失わせるには株主総会で解任の決議をする必要があります。**

### ● 代表取締役の権限

　代表取締役は、株式会社の業務を執行し、また、対外的には会社を代表します。このように、代表取締役は、❶業務執行権と、❷会社の代表権、の2つの権限を持ちます。

　代表取締役は、株主総会や取締役会の決議で決定された事項について決議内容に従って業務執行をするほか、取締役会から委任を受けた事項については、自らの判断で決定し執行します。

　代表取締役の代表権は、会社の業務に関する一切の行為（裁判上および裁判外の行為）に及ぶ包括的なものです。また、代表取締役が複数いる場合、それぞれが単独で会社の代表権を持ちます。

# 16

# 競業取引・利益相反取引に関するルールとは

会社と取締役の利益が相反する行為を取締役がするには、
会社の承認が必要

## ● 会社と取締役の利益が相反する行為に対する規制

　たとえば、取締役が会社に内緒で会社のビジネスと競合する事業の取引を副業で始めたとしたら、どうなるでしょうか。その取締役は会社の事業のノウハウを利用したり会社の顧客を奪ったりするなどして、会社に損害を与えるかもしれません。また、代表取締役が、会社の不動産を自ら個人的に購入する契約を経営陣に内緒でしようとしたら、代表取締役が不当に安い値段で会社から不動産を購入し、その結果、会社に損害を与えるかもしれません。

　このように**会社の利益と取締役の利益が相反する行為**については、取締役が自ら（または第三者）の個人的な利益を図り、会社に損害を与えるおそれがあるため、そのうち一定のものについて、会社の承認を得なければならない、というルールが設けられています。

## ● 取締役会の承認等が必要な行為

　次の行為については、取締役は、その取引について重要な事実を開示し、**取締役会の承認**（取締役会非設置会社の場合には、株主総会の承認）を受けなければなりません。

❶取締役が、自己または第三者のために、会社の事業の部類に属する取引をしようとするとき（競業取引）

❷取締役が、自己または第三者のために、会社と取引をしようとするとき（利益相反取引のうち、直接取引）

❸取締役が、取締役以外の者との間において、会社とその取締役との利益が相反する取引をしようとするとき（利益相反取引のうち、間接取引）

❶の「競業取引」とは、取締役が、会社の事業のうち市場（マーケット）が競合する事業に関する取引をしようとすることです。

❷❸は「利益相反取引」といいます。まず❷は、会社と取締役が直接当事者になって取引をする場合で、会社が取締役に不動産等を売却した場合や、会社が取締役に金銭を貸し付けた場合などです。

❸は、たとえば、取締役が銀行などの第三者から金銭の借入れをした際に、その借入れ債務について会社に保証人になってもらう場合などです。この場合、会社と取締役は直接に取引を行うわけではありませんが、このような場合も取締役と会社の利害が相反し、会社が損害を受ける可能性があるため、規制の対象となっています。

## ● 競業取引・利益相反取引を行った取締役の責任

競業取引・利益相反取引によって会社に損害が生じた場合には、承認を受けたかどうかに関わりなく、損害賠償責任を負うことがあります。

# ⑰ 取締役の報酬に関する ルールを理解しよう

全取締役の報酬総額の上限は株主総会で決議する必要がある

## ● 取締役の報酬に関するルール

　会社法は、**取締役が会社から受ける報酬については、定款または株主総会決議で定めなければならない**、というルールを設けています。報酬を取締役や取締役会が自由に決定できるとすると、自分たちの報酬を自分たちで決められるため、多額の報酬を受け取ることが可能になり（これを「お手盛りの危険」と呼ぶことがあります）、結果的に会社の財産を不当に害する危険があることから、定款または株主総会決議で決定させることにしたものです。

　実務上、定款で取締役の報酬等について決定する会社はまずないので、通常は、**株主総会の決議**で決定されます（ただし、後述するとおり、株主総会では、**取締役全員の報酬額の総額の最高限度額**を決議すれば足ります）。

　なお、会社法では「報酬、賞与その他の職務執行の対価として株式会社から受ける財産上の利益」のことを「報酬等」という、と規定されていますが、本書では「等」を省いて「報酬」と記載します。「職務執行の対価として株式会社から受ける財産上の利益」であれば皆「報酬」に該当しますので、毎月の固定報酬だけでなく、ボー

ナス、退職慰労金、社宅の提供、ストック・オプション（→236ページ）なども、職務執行の対価と評価できるものであれば、広く「報酬」にあたり、このルールに従う必要があります。なお、退職慰労金については、株主総会の決議の仕方などについて、さらに別のルールがあります（本書では割愛します）のでご注意ください。

### ● 取締役の報酬について株主総会決議で定める内容

　会社法は、取締役が受ける報酬について定款または株主総会決議で定めるべき内容について、報酬のタイプに分けてルールを定めています。

---

❶「額が確定しているもの」については、「その額」

❷「額が確定していないもの」については、「その算定方法」

❸「報酬として株式もしくは新株予約権（またはそれらの取得資金にあてるための金銭）を与える場合」については、「与える株式や新株予約権の数の上限、その他所定の事項」

❹「金銭でないもの」（❸を除く）については、「その具体的内容」

---

　このうち、❶の「額が確定しているもの」については、取締役の個人別の報酬の具体的金額を開示することは必要なく、**取締役全員の報酬額の総額の最高限度額（上限）を定めれば足り**（たとえば、取締役全員で「月額5000万円以内」または「年額2億円以内」など）、**個人別の報酬額の決定は取締役会に一任する**場合が多いです。そし

て、株主総会が最高限度額を一旦決議したら、これを変更しない限り、株主総会の決議をし直す必要はありません（最高限度額について、毎年の定時株主総会で決議をし直す、ということは不要です）。

　こうしたルールは、取締役の個人別の報酬の額を開示することは避けたいという実務上のニーズから生まれたもので、最高裁の判例もこの方法を適法と認めていることから、実務上はこの方法が広く行われています。また、**取締役会に一任された個人別の報酬額の決定を、さらに代表取締役に一任することも許される**、とされています。

　次に、❷「額が確定していないもの」とは、報酬の額が会社の業績を示す指標等に連動している場合が典型例であり、その場合には、「その算定方法」、すなわち、「事業年度の単体の営業利益の○％を上限とする」などといった内容を決定することになります。

　第3に、❸の場合、すなわち、報酬として株式（株式報酬）もしくは新株予約権（ストック・オプション）、またはそれらの取得資金にあてるための金銭を付与する場合には、それらの株式や新株予約権の数の上限その他所定の事項を決定する必要があります。「その他所定の事項」は、会社法施行規則で詳しく定められています。

　この❸は、令和元年（2019年）改正会社法で新設されたルールです（2021年3月1日施行）。上場企業では、金銭による報酬以外に、新株予約権を報酬として支給する例は以前からありましたが、最近では、株式を報酬として支給する会社が増えています。このため、こうした報酬としての新株予約権や株式、すなわちインセンティブ報酬（→236ページ）について、その内容をより明確にして株主に判断してもらおうとの趣旨から、このルールが設けられました。

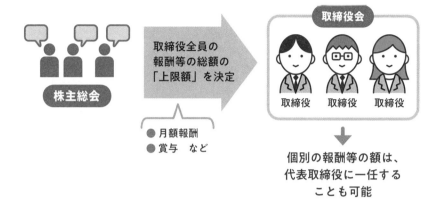

**取締役の報酬等は定款または株主総会決議で決まる**

最後に、❹「金銭でないもの」とは、たとえば社宅を供与するといった場合がこれにあたります。この場合には、「その具体的な内容」を決定する必要があります。

## ● 取締役の個人別の報酬の決定方針を定める義務

❶監査等委員会設置会社、または❷「公開会社かつ大会社である監査役会設置会社で、有価証券報告書の提出義務のある会社」は、個人別の報酬の内容を定款または株主総会決議で定めていない場合には、「個人別の報酬の内容についての決定に関する方針」、すなわち、**取締役の個人別の報酬の決定方針を、取締役会で決定しなければなりません**。これは、令和元年（2019年）会社法改正で新たに設けられたルールです（2021年3月1日施行）。

「取締役の個人別の報酬の決定方針」として決定すべき具体的な内容は、会社法施行規則に詳しく定められています。

# 18

# 取締役が負う
# 義務の内容とは何だろう

取締役は「善管注意義務」を負う

## ● 善管注意義務（善良な管理者としての注意義務）とは

　まず、最も重要な取締役の義務として、**取締役は、会社に対して、善良な管理者としての注意をもって、委任された職務を行う義務を負います**。これは、「善管注意義務」と略して表現することが多いです。

　善管注意義務は、会社法ではなく、民法に規定された義務です。なぜ民法に規定された義務が取締役の義務となるかというと、会社と取締役とは、法律的には委任契約に基づく関係であり、そして会社法には、「会社と取締役との関係は、（民法の）委任に関する規定に従う」という規定があるためなのです。

　「善良な管理者としての注意義務」といってもイメージがわかないかもしれませんが、具体的にはどういう意味なのでしょうか。

　まず、「注意義務」とある以上、この義務は、会社から委任を受けた取締役が自らの業務を遂行するうえで、「どのように」、また「どの程度」、「注意」をしなければならないか、の「義務」を意味します。

　では「善良な管理者」とは何なのでしょうか。この「善良な管理者」というのは単なる比喩的な表現であり、具体的にどのような内容をどの程度すれば注意義務を果たしたことになるかについての基準を

## 取締役が負う義務

| 善管注意義務 | | 法令順守義務 |
|---|---|---|

取締役

**善管注意義務**
善良な管理者としての注意をもって、委任された職務を行う義務。

**法令順守義務**
海外の法令を含む、幅広い範囲の法令を遵守しなければならない。

**監視義務**
他の取締役の職務執行を監視する義務。

**その他の義務**

示したものではなく、**結局は、ケースごとに考えざるを得ない**のです。「善良な管理者」という言葉自体、どういう意味なのかイメージしにくいかもしれませんが、わかりやすくいえば、「良いマネージャー」（管理＝manage）と理解すれば、とりあえずよいでしょう。

## ●忠実義務とは

会社法には、取締役は、「株式会社のため忠実にその職務を行わなければならない」、と規定されており、これは、取締役は会社に対して**「忠実義務」**を負うことを規定したものである、といわれています。

しかし、最高裁の判例は、この忠実義務は、善管注意義務を敷衍し一層明確化したものにとどまり、善管注意義務とは別個の義務を規定したものではない、と判断しており、現在の主流な考え方も、善管注意義務と忠実義務は同じ内容の義務である、という考え方に立っています。

よって、取締役の義務に関して「忠実義務」という言葉が使われることは比較的ありますが、ひとまずは、善管注意義務と同じものである、と理解して差し支えありません。

## ●法令等遵守義務とは

　また、**取締役は、法令・定款・株主総会決議を遵守する義務を負**
**い**ます。

　このうち、特に法令遵守義務が重要です。ここでいう「法令」とは、
「取締役」に対して遵守せよと規定された法令だけでなく、（その取
締役のいる）「株式会社」に対して遵守せよ、と規定された法令全て
が含まれます。また、日本の法令だけでなく、海外の法令も含まれ
ます。

　このように、法令遵守義務は、非常に広い範囲の法令を遵守しな
ければならない義務であることに注意する必要があります。


## ●取締役の監視義務とは

　取締役は、**他の取締役を監視する義務**というものも負います。

　各取締役の職務執行を監督することは、取締役会の職務の１つで
すが、最高裁の判例によれば、取締役会設置会社では、取締役会だ
けではなく、個々の取締役も、代表取締役の業務執行を監視する義
務を負う、とされています。

　このように、**各取締役は、他の取締役の職務執行を監視する義務**
**を負う**と解されており、これを**「取締役の監視義務」**といいます。
この取締役の監視義務は、取締役の善管注意義務の一内容と考えら
れています。


　では、取締役が他の取締役の監視義務を負うと言っても、具体的
にどの程度までの監視を行わなければならないのでしょうか。

　先ほど述べた最高裁の判例では、取締役会に上程（提出）された
事柄についてだけではなく、代表取締役の業務執行一般について監

## 取締役には監視義務がある

**取締役会**

個々の取締役は
他の取締役の職務執行を
監視する義務がある

→

他の取締役による不正・違法
行為などの疑いを抱かせる行
為を知っていたか、または知
ることが可能であった場合に
見過ごすと、監視義務の違反
を問われる可能性がある

視をしなければならない、とされています。しかし、取締役からすれば、代表取締役がどのような職務執行をしているかその全てを把握することは立場上も不可能ですし、代表取締役でない平の取締役についても、上場企業であれば各取締役は職務担当が分かれていますので、他の取締役がどのような業務をしているのか全てを把握することは不可能です。

　したがって、**他の取締役による不正・違法行為などの疑いを抱かせる行為を知っていたか、または知ることが可能であったという特別の事情があったにもかかわらず、これを見過ごした場合に初めて、監視義務の違反を問われうる**、と考えられています。「知っていたか、または知ることが可能であった」、すなわち、「認識」または「認識可能性」が必要なのです。

# ⑲ 取締役の「経営判断の原則」とは何だろう

経営判断に関する事項について、
取締役に広い裁量を認める考え方

## ● 「経営判断の原則」とは

　会社の取締役は、さまざまな意思決定を、取締役会の一員または自ら単独の権限として行います。そのうち、**経営判断に関する事項については、取締役に広い裁量を認め、その決定の過程、内容に著しく不合理な点がない限り、取締役としての善管注意義務には違反しない**、というルールがあり、これを「経営判断の原則」といいます。

　経営判断にはリスクがつきものです。また、正解が1つとは限らず、多様な選択肢がありえますし、経営判断は将来の予測に基づくものであるため、不確実性が高いものです。そうした経営判断の特徴は、たとえば、ある会社が今まで手掛けてこなかった新しい分野に進出するとか、他の企業と資本・業務提携をするとか、不採算の事業について回復の見込みがないとして撤退するかそれとも追加資金を投入してさらに改善を図るかを決断するとか、そういう実例を思い浮かべれば、すぐに理解できるところでしょう。

　そういった経営判断に関して、後になって結果的に損害が発生または拡大してしまった場合に、通常の善管注意義務の考え方で取締役に義務違反を認めるのは取締役に酷であり、そうすることは取締

## 経営判断の原則

| 新規事業への参入…… | 他社との資本提携…… | 追加資金の投入…… |

取締役

意思決定

結果的に成功でも失敗でも、
**決定の過程・内容に著しく不合理な点がなければ、**
取締役としての善管注意義務には違反しない

役による経営を萎縮させ、過度にリスクを恐れる経営をするおそれがあり、株式会社の経営にとって適切ではありません。株式会社の経営というのは、ある程度リスクを取った行動をしないと、大きなリターンや利益が得られない場合も多いからです。

　このような考えから、経営判断の事項に関する取締役の決定については、決定の過程、内容に「著しく不合理」な点がない限り善管注意義務違反を問わない、というルールが、裁判所において認められています。単なる「不合理」ではなく、「著しく不合理」な場合にのみ善管注意義務の違反を認める、とし、経営判断に関する取締役の決定に関して善管注意義務に違反する場合を限定している（その結果、取締役は善管注意義務違反の責任を負わずにすむ場合が多く

なる）点がポイントです。

「経営判断の原則」については、かつては裁判所の考え方が必ずしも明確ではなかったのですが、2010年（平成22年）に最高裁判所の裁判例が出てからは、その裁判例の考え方や要件がその後の裁判例でも定着した、と現在では考えられています。

## ● 「経営判断の原則」の要件

経営判断の原則が適用されるには、次の3つの要件が全て満たされていることが必要です。

> ❶問題となっている事項が経営判断に属する事項であること（ただし、例外あり）
> ❷その決定の過程が著しく不合理ではないこと
> ❸その決定の内容が著しく不合理でないこと

まず❶については、問題となっている事項が経営判断に属する事項であっても、法令違反行為が含まれている事項や、会社と取締役個人との利害が対立している事項については、経営判断原則の適用はない、とされています。

次に❷の「過程」とは、決定に至るまでにどのような情報を集めたか、どのような手続で決定したか、ということを意味します。経営判断事項については至急で判断することが必要な場合も多いため、情報・手続が必ずしも完全に十分でなくても許される場合がある、ということです。

最後に、❸は、具体的な決定の「内容」を指します。

❷・❸の「著しく不合理」とは、具体的には、「その会社の属する業界における通常の経営者の有すべき知見・経験」を基準とする、とされています。

また、「著しく不合理」の判断は、決定当時にどうだったかを検証するものであって、訴訟などになった後、裁判所が判断する時点で「著しい不合理」かどうかを判断するものではないことに注意が必要です。そうしないと、結果として損害が発生しているケースでは、どうしても「損害が結果として発生した以上、当時の経営判断は間違っていたのでは」という考え方をして、結果責任を問われかねないことになってしまうためです。

# ⑳
# 内部統制システムとは
# 何だろう

取締役には、会社の業務の適正の確保のために
必要な体制を整備・運用する義務がある

## ● 内部統制システムとは何か

　前述のとおり、会社の取締役は、職務の執行について、善管注意義務を負います。しかし、会社の業務執行の多くは取締役一人ではできず、その下の従業員が行うので、取締役は、善管注意義務の内容として、従業員たちが法令を遵守し業務を適正に行うよう管理し、注意を払う義務があります。

　この点、従業員の人数が比較的少ない会社であれば、その会社の社長や取締役も、全ての従業員の顔と名前が一致し、それぞれがどのような仕事をしているか把握したり管理したりすることはできるでしょう。しかし、ある程度の人数と規模以上の会社（特に上場企業）になると、社長や取締役が、会社の従業員や業務全てを管理したり監督したりすることは、およそ難しくなります。

　そのため、そうした会社の取締役は、自分自身が会社の全ての業務や従業員を直接管理・監督できない代わりに、会社の業務が適正に行われるような体制や仕組みをあらかじめ構築しておき、そうした体制や仕組みを通じて会社全体が適切な業務執行をするよう管理・監督することが合理的です。

# 内部統制システム

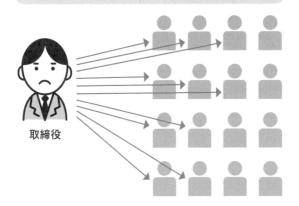

取締役が一人ひとりの従業員を管理・監督するのは、
従業員数が多くなると大変または不可能

取締役

内部統制システムによる従業員の管理・監督

取締役

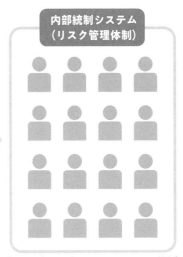

内部統制システムを
通じた従業員の
管理・監督

**内部統制システム
（リスク管理体制）**

（従業員全員に適用されるシステム・体制）

そこで、会社法上、取締役には、**会社の規模と特性に応じて、会社の業務の適正を確保するために必要な体制（内部統制システム）の整備・構築・運用をする義務がある**、と考えられています。

　この内部統制システムとは、リスク管理体制と言い換えることもできます。会社には、事業を行ううえでさまざまなリスクがありますが、それぞれのリスクがどの程度のものか評価し、リスクの大きさ・程度・内容に応じて、どのような対処をするのかを決めて対処すること、これがリスク管理であり、このための体制がリスク管理体制＝内部統制システムなのです。

　そして、法令違反というものも、コンプライアンス・リスクという意味でリスクの一種であり、法令等遵守の体制も、リスク管理体制の1つにあたります。

## ●内部統制システムに関する会社法のルール

　会社法は、**大会社、指名委員会等設置会社、監査等委員会設置会社では、内部統制システムの整備について取締役会で決定しなければならない**、と定めています。もっとも、取締役会で決定するのは内部統制システムの「大綱」で足り、内部統制システムの詳細や具体的内容の整備は、業務執行に携わる各取締役（執行部門）に委ねることができます。

　取締役会で決定すべき内部統制システムの具体的内容として、会社法や会社法施行規則では、以下のものが挙げられています。

❶取締役・従業員の職務の執行が法令や定款に適合するこ

> とを確保するための体制（法令等遵守体制、コンプライ
> アンス体制）
> ❷取締役の職務執行に関する情報の保存・管理体制
> ❸会社の損失の危険の管理体制（リスク管理体制）
> ❹取締役の職務執行が効率的に行われることを確保するた
> めに必要な体制
> ❺企業集団（グループ）の業務の適正を確保するための体
> 制
> ❻監査役、監査等委員会、監査委員会の職務執行に関する
> 体制

　また、取締役会で決議した内部統制システムの内容の概要や、その運用状況の概要は、事業報告に記載しなければなりません。

　このように取締役会で決定された内部統制システムに基づき、代表取締役や、その他業務執行を行う取締役は、具体的な内部統制システムを整備・構築し、かつ運用する義務を負います。また、取締役は、代表取締役や業務執行を行う取締役が、内部統制システムを構築・運用しているかについて監視する義務を負うことになります。

## ● 内部統制システムの詳細な内容は会社ごとに異なる

　では、具体的にどんな内容でどの程度の内部統制システムを構築すべきかについては、法律には、前述した❶～❻より細かいことは何も書かれていないため、それぞれの会社が、自社の規模と実情に応じて必要な体制を自ら考えて構築・運用する必要があります。

# 監査役とはどんな役職なのか

会社から独立した立場で、取締役の職務執行を
監査することが期待されている

## ●監査役とは何をする機関か

　監査役は、取締役（および会計参与）の職務執行を監査する機関です。では、「監査」とは何でしょうか。監査役設置会社の場合の「監査」とは、取締役が行った行為について、取締役とは別の独立した立場の者が、一定の基準（法令など）に基づき、その行為が適正かどうかを、調査・検討したうえで判断することです。

## ●監査役を置くことについてのルール

　監査役を置くかどうかについては、次のようなルールがあります。

---

❶取締役会設置会社は、原則として、監査役を置かなければならない。ただし、監査等委員会設置会社、指名委員会等設置会社の場合には監査役を置くことができない。（また、非公開会社で会計参与を置く会社の場合には、監査役を置く必要はない）

❷会計監査人設置会社は、監査役を置かなければならない。ただし、監査等委員会設置会社、指名委員会等設置会社

の場合には、監査役を置くことはできない。

## ● 監査役の兼任禁止

監査役は、❶会社または子会社の取締役・従業員、または❷子会社の会計参与・執行役、を兼任することはできません。これらの業務執行者を監査役が兼任できるとすると、監査をする人が監査される人を兼ねてしまうことになり、実効的な監査が行えなくなるおそれがあるためです。

## ● 監査役の選任

監査役は、株主総会の普通決議で選任されます。選任は普通決議で足りますが、定足数は、総株主の議決権の3分の1以上としなければなりません（→ 111 ページ）。

取締役が、監査役の選任に関する議案を株主総会に提出するには、監査役（監査役が2人以上いる場合にはその過半数、監査役会設置会社の場合には監査役会）の同意を得なければなりません。監査役の選任議案に関して取締役の独善を防ぎ、現監査役の意向を反映させることを目的とした、監査役の独立性を高めるためのルールです。

**監査役の解任は、株主総会の特別決議で行う必要があります**。取締役の解任は、原則として株主総会の普通決議で行うことができることからすると、これも監査役の独立性を高めるためのルールといえます。

## ● 監査役の任期

監査役の任期は4年（正確には、選任後4年以内に終了する事業

年度のうち最終のものに関する定時株主総会の終結の時まで）です。この任期は、定款で短縮することはできません。監査役の独立性を確保するため、取締役よりも長期の任期が保障されています。

　また、非公開会社では、定款で規定することにより、任期を10年まで（正確には、選任後10年以内に終了する事業年度のうち最終のものに関する定時株主総会の終結の時まで）延ばすことも可能です。

## ●監査役と会社との関係

　監査役と会社との関係は、委任に関する規定に従うこととされています。これは、取締役と会社との関係と同じです。

　したがって、監査役は会社に対し、善管注意義務を負います。

## ●監査役の報酬

　監査役の報酬（報酬、賞与その他の職務執行の対価として会社から受ける財産上の利益）は、定款または株主総会の決議で決定しなければなりません。ただし、監査役が2人以上ある場合で、各監査役の報酬について定款の定めや株主総会の決議がない場合（実際、監査役の報酬については、株主総会の決議で監査役全員に対する報酬の総額の上限のみを定めるケースが通常です）には、各監査役の報酬は、定款・総会決議の範囲内で、監査役の協議によって決定する必要があります。

　これも、監査役の報酬に関して、取締役ではなく株主や監査役に決定権を持たせることで、監査役の独立性を確保することを目的としたルールです。

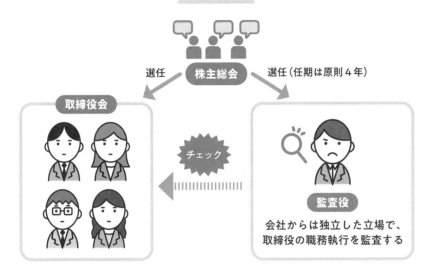

## 監査役の職務

選任 **株主総会** 選任（任期は原則4年）

**取締役会**

チェック

**監査役**

会社からは独立した立場で、
取締役の職務執行を監査する

## ●監査役の職務の範囲と内容

　監査役の監査の範囲は、後述する会計限定監査役の場合を除き、**会計に関する監査（会計監査）と、会計以外の業務全般に関する監査（業務監査）**の双方に及びます。

　次に、監査役（後述する会計限定監査役を除く）の職務の具体的な内容をみてみましょう。

　監査役はまず、取締役の職務執行を調査する権限を持ちます。具体的には、監査役は、いつでも、取締役や従業員に対して、事業の報告を求め、会社の業務・財産の状況を調査することができます。

　次に、監査役は、取締役が不正の行為をし、もしくはそのおそれがあると認めるとき、または、法令・定款に違反する事実もしくは著しく不当な事実があると認めるときは、遅滞なく、その旨を取締

役（取締役会設置会社の場合には、取締役会）に報告することが必要です。また、取締役の法令・定款に違反する行為により会社に著しい損害が生じるおそれがあるときは、監査役は、その行為の差止めをその取締役に請求することができます。

次に、監査役は、取締役会に出席する義務を負い、必要があると認めるときは、意見を述べなければなりません。しかし、取締役とは異なり、取締役会の決議に関して議決権はありません。

さらに、監査役は、取締役と会社との間の訴訟で、会社を代表するものと定められており、監査役はその訴訟に関しては、会社の代表者として対処することになります。

最後に、監査役は、事業年度ごとに、監査の結果をまとめた監査報告を作成します。これは、205 ページで詳しく説明します。

## ● 独任制とは

複数の監査役がいる場合にも、それぞれの監査役が単独で自らの権限を行使できます（独任制）。これはつまり、他の監査役が反対する場合であっても、1 人の監査役は、監査役に認められた職務権限（業務・財産の調査権など）を行使できることを意味します。この独任制の原則は、監査役会が置かれる場合でも同様です。

## ● 会計限定監査役とは

非公開会社（監査役会設置会社および会計監査人設置会社を除く）では、定款で、監査役の監査権限の範囲を会計監査に限定することが認められています。こうした監査役のことを、「会計限定監査役」または「会計監査限定監査役」と呼び、実務上も利用されています。

会計限定監査役は取締役会への出席義務がなく、また、監査業務

## 監査役（会計限定監査役を除く）の職務と権限

● 取締役の職務執行を調査する権限

● 取締役の不正行為や法令・定款への違反などがあれば、
取締役に報告する

● 取締役の法令・定款への違反で会社に著しい損害が生
じるおそれがあれば、その行為の差止めを請求できる

● 取締役会への出席義務

● 取締役と会社との訴訟があれば、会社を代表

● 監査報告の作成

の範囲が会計監査だけになる結果、監査報告は会計監査に限定され
た内容のものを作成します。

# 監査役会・社外監査役とは
# どんな役割なのか

公開会社かつ大会社の株式会社は、3人以上の監査役のいる
監査役会を置き、その半数以上を社外監査役とする必要がある

## ● 監査役会とはどのような機関か

　監査役の全員で構成される会議体のことを「**監査役会**」といいます。**公開会社でかつ大会社の株式会社は、監査等委員会設置会社または指名委員会等設置会社の場合を除き、必ず監査役会を置かなければなりません**。それ以外の株式会社については、取締役会設置会社であり監査役設置会社であれば、監査役会を置くかどうかはその会社が自由に選択できます。

## ● 監査役会はどのようなメンバーで構成されるか

　監査役会設置会社では、監査役は**3名以上**でなければならず、かつ、**その半数以上は社外監査役**でなければなりません。

　この「半数以上」とは、「過半数」とは意味が異なることに注意してください。たとえば監査役が4人いる場合、社外監査役として最低限必要な人数は3人ではなく、2人です（「過半数」であれば3人必要ですが、「半数以上」なので2人で足りることになります）。

　また、監査役会には、少なくとも1人は**常勤監査役**を置くことが必要です。フルタイムで会社の監査業務に従事する監査役を最低1名置くことで、会社の情報や状況をより収集しやすくし、監査の実

**監査役会のメンバー**

**4名の場合**　監査役会

監査役（常勤）　監査役　社外監査役　社外監査役

**3名の場合**　監査役会

監査役（常勤）　社外監査役　社外監査役

効性を高めることがその狙いです。

## ●社外監査役とは

　社外監査役とは、次のいずれにも該当する者をいいます。非常に細かい要件となっていますので、本書をお読みの皆さんは、覚える必要は全くなく、イメージをつかんでいただく程度で十分です。社外監査役は、社外の独立した立場から監査を行うことで、会社の経営を適切にチェックすることが期待される役割といえます。

❶その就任の前の十年間に、その会社または子会社の取締役・会計参与・執行役・従業員であったことがないこと

❷その就任の前の十年間のいずれかの時点で、その会社ま

たは子会社の監査役であったことがある者の場合には、当該監査役への就任の前十年間、その会社または子会社の取締役・会計参与・執行役・従業員であったことがないこと

❸その会社の親会社等（自然人に限る）または親会社等の取締役・監査役・執行役・従業員でないこと

❹その会社の親会社等の子会社等（その会社および子会社を除く）の業務執行取締役・執行役・従業員でないこと

❺その会社の取締役・執行役・重要な従業員または親会社等（自然人に限る）の配偶者・二親等内の親族でないこと

## ●監査役会の職務

監査役会の職務内容は、❶**監査報告の作成**、❷**常勤の監査役の選定・解職**、❸**監査役の職務の執行に関する事項（監査の方針、会社の業務・財産の状況の調査の方法など）の決定**です。

監査役会設置会社においても、監査役の独任制の原則には変更がありません。また、監査報告についても、各監査役の監査報告と、監査役会の監査報告の双方が作成されます。

また、監査役は、監査役会の求めがあるときは、職務執行の状況を監査役会に報告しなければなりません。

監査役会設置会社では、株主総会における監査役の選任議案、会計監査人の選任・不再任・解任議案、会計監査人の報酬の決定については、監査役会に**同意権**があります。

## 監査役会の職務

監査役　　　社外監査役
（常勤）

❶ 監査報告の作成
❷ 常勤の監査役の選定・解職
❸ 監査役の職務の執行に関す
　る事項の決定　など

**過半数をもって
決議が成立する**

● 監査役１人につき１議決権
● 代理出席は認められない
● 書面決議で決議を省略する
　ことは認められない

## ●監査役会の運営

　監査役会は、各監査役が招集権者です。

　監査役会の決議は、監査役の過半数で行います。監査役１人につき等しく１議決権が認められます。

　なお、監査役会の決議には定足数の定めはなく、また、実際に出席した監査役の人数とは関係なく、監査役全員の過半数をもって決議が成立することに注意が必要です。たとえば監査役が４人いる会社で、監査役会である決議事項を承認可決させるためには、監査役会に出席する監査役が何人かに関わりなく、３人が賛成しなければなりません。取締役会の場合と同様、代理出席は認められません。また、監査役会の決議は、取締役会の場合とは異なり、書面決議の方法で決議を省略することは認められていません。決議事項は、実際に監査役会を開催して決議することが必要です。

# 23

# 会計監査人とは
# どういう役割なのか

会社が作成した計算書類の
内容をチェックする、会計のプロ

## ● 会計監査人とはどのような機関か

「**会計監査人**」とは、その名前が示すとおり、会社の計算書類など
の監査、すなわち会計監査を行う者です。

会社法のルールでは、大会社、監査等委員会設置会社、指名委員
会等設置会社は、会計監査人を置かなければなりません。それ以外
の株式会社も、監査役設置会社であれば、任意で会計監査人を置く
ことができます。

また、東京証券取引所（東証）の規則では、東証に上場する企業は、
原則として、会計監査人を置くことが必要です。

**会計監査人は、公認会計士または監査法人でなければなりません。**
上場企業の会計監査人はそのほとんどが監査法人ですが、ごく少数、
個人の公認会計士が会計監査人である会社もあります。

では、会計監査人という機関は、なぜ必要なのでしょうか。

株式会社の計算書類を作成するのは、取締役の職務です。実際には、
取締役が指示して、会社の経理担当の従業員などが計算書類を作成
するのが通常でしょう。

## 会計監査人の職務

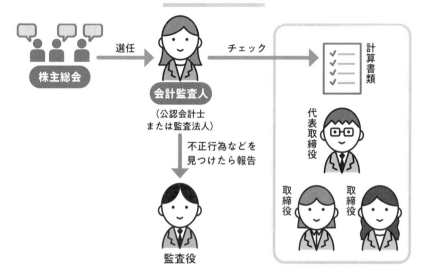

株主総会 —選任→ 会計監査人（公認会計士または監査法人） —チェック→ 計算書類

会計監査人 —不正行為などを見つけたら報告→ 監査役

代表取締役・取締役・取締役

　しかし、計算書類の作成を取締役や従業員など、会社内の人間だけで完成させてしまうと、場合によっては数字を間違えていたり、実際の売上げや利益の金額をごまかして売上げや利益があるように見せかけるなどの不正が行われたりするおそれがあり、そうした場合には、誤った計算書類の内容が株主などの会社の利害関係者に知らされてしまうことになってしまいます。その結果、株主や債権者などが、会社の財務状態を誤って理解してしまい、損害が生じてしまう可能性が出てきてしまうことになります。

　したがって、ある程度以上の規模の会社については、計算書類の内容が誤っていたり虚偽だったりした場合に会社の利害関係者に及ぼす影響が大きいため、外部の会計の専門家である公認会計士や監査法人を会計監査人とすることを義務付け、計算書類が正しく作成されているかをチェックさせることとしているのです。また、そこ

まで大きな規模でない株式会社でも、外部の会計の専門家に計算書類をチェックしてもらうことを望む一定の会社には、会計監査人を任意で置くことを認めたのです。

## ● 会計監査人の職務

会計監査人は、会社の計算書類、その附属明細書、臨時計算書類、連結計算書類を監査すること、そして会計監査報告を作成することが、その基本的な職務です。

この職務を果たすため、会計監査人には、いつでも会計帳簿やこれに関する資料の閲覧・謄写をし、取締役や従業員に対して会計に関する報告を求めることができます。

また、会計監査人は、その職務を行うに際して、取締役の職務執行に関し不正行為または法令・定款に違反する重大な事実を発見したときは、遅滞なく、監査役、監査役会、監査等委員会または監査委員会に報告をしなければなりません。

## ● 会計監査人の選任・任期・終任

会計監査人は、株主総会の決議（普通決議）によって選任されます。

会計監査人の任期は1年（正確には、選任後1年以内に終了する事業年度のうち最終のものに関する定時株主総会の終結の時まで）です。しかし、任期が満了するごとに株主総会で選任決議を経る必要はなく、翌年の定時株主総会で不再任の決議がなされない限り、自動的に再任されます。これは、取締役や監査役とは異なり、会計監査人の場合にだけ認められるルールです。

したがって、会計監査人が任期満了で自動的に退任することはありませんので、会計監査人が任期満了で退任するには、株主総会で

不再任の決議が可決されることが必要です。

　会計監査人は、株主総会の決議によって、いつでも解任が可能です。このほか、一定の事由がある場合には、監査役全員の同意、監査等委員全員の同意（監査等委員会設置会社の場合）、または監査委員会の委員全員の同意（指名委員会等設置会社の場合）によって、株主総会の決議を経ずに会計監査人を解任することもできます。

　なお、株主総会に提出する会計監査人の選任・解任・不再任議案の内容は、監査役※1が決定します。

## ● 会計監査人の義務・報酬

　会計監査人と会社との関係は、委任の関係です。したがって、会計監査人は会社に対し、善管注意義務を負います。

　会計監査人の報酬は、取締役や監査役とは異なり、定款や株主総会決議で定める必要はありません。しかし、会計監査人の報酬の決定には、監査役※1の同意が必要とされています。

※1：複数の場合にはその過半数、監査役会設置会社の場合には監査役会、監査等委員会設置会社では監査等委員会、指名委員会等設置会社では監査委員会。

# 24

# 会計参与とは
# どんな役職なのか

取締役と一緒に会社の計算書類を作成する

## ● 会計参与とはどのような機関か

「会計参与」とは、取締役（指名委員会等設置会社の場合には執行役）と共同して、会社の計算書類などを作成する会社の機関です。

会計に関する機関としては、会計参与の他に前項で説明した会計監査人がいますが、会計参与は、取締役と一緒に計算書類を「作成する」側の者なのに対し、そうしてできあがった計算書類を外部の立場から「監査・チェックする」のが会計監査人です。

会計参与を置くかどうかは、原則として、会社の任意です。ただし、例外的に、非公開会社である取締役会設置会社（監査等委員会設置会社および指名委員会等設置会社を除く）が監査役を置かない場合には、会計参与を置かなければなりません。

## ● 会計参与の選任・資格

会計参与は、株主総会の普通決議で選任されます。任期は、取締役のルールが準用されています。また、会計参与は、公認会計士や監査法人、または税理士や税理士法人でなければなりません。

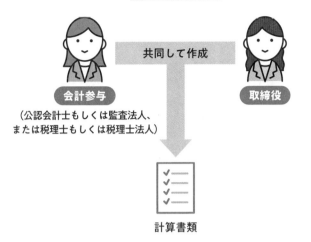

**会計参与の職務**

共同して作成

会計参与
（公認会計士もしくは監査法人、
または税理士もしくは税理士法人）

取締役

計算書類

## ● 会計参与の職務

　会計参与の中心的な職務は、取締役（指名委員会等設置会社の場合には執行役）と共同して、会社の計算書類、およびその附属明細書、臨時計算書類、並びに連結計算書類を作成することです。会計参与がいない場合には、これらの計算書類等は取締役が作成する必要がありますので、会計参与は、取締役による計算書類等の作成を、会社の機関という立場でサポートすることになります。

　また、会計参与は、計算書類などに関してどのような書類をどのような会計処理の原則で作成したのかや作成の手続などについて、事業年度ごとに会計参与報告を作成しなければなりません。

## ● 会計参与の導入の現況

　会計参与の制度は、2006年（平成18年）の会社法施行の際に新設されましたが、現在、会計参与を置く株式会社は少ない状況です。

# 指名委員会等設置会社の ポイントをおさえよう

### ３つの委員会が置かれ、それらの委員会の決定を 経営陣は覆せない

## ●指名委員会等設置会社で置かれる機関

89 ページで概要を説明した指名委員会等設置会社のポイントを、より詳しくみていきましょう。

指名委員会等設置会社には、指名委員会・監査委員会・報酬委員会という３つの委員会が置かれます。また、指名委員会等設置会社には他に、株主総会、取締役会、取締役、執行役、会計監査人という機関を必ず置かなければなりません。会計参与を置くことは自由です。

他方、指名委員会等設置会社には、**監査役を置くことはできません。**指名委員会等設置会社では、監査業務は監査委員会が行うためです。

## ●指名委員会等設置会社の取締役

指名委員会等設置会社の取締役の任期は、１年（正確には、選任後１年以内に終了する事業年度のうち最終のものに関する定時株主総会の終結の時まで）です。

**指名委員会等設置会社の取締役は、原則として、業務執行をすることはできません。**もっとも、取締役が執行役を兼任することは許されています。

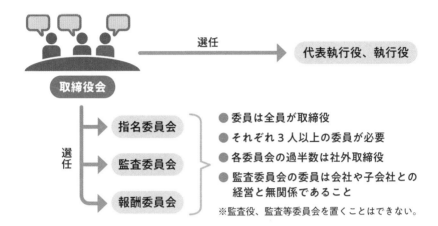

## 指名委員会等設置会社

選任 → **代表執行役、執行役**

**取締役会**

選任 →
- **指名委員会**
- **監査委員会**
- **報酬委員会**

- ● 委員は全員が取締役
- ● それぞれ3人以上の委員が必要
- ● 各委員会の過半数は社外取締役
- ● 監査委員会の委員は会社や子会社との経営と無関係であること

※監査役、監査等委員会を置くことはできない。

## ●指名委員会等設置会社の取締役会

　指名委員会等設置会社の取締役会は、各委員会の委員の選定・解職、執行役の選任・解任、代表執行役の選定・解職を行います。また、会社の業務執行の決定と、執行役・取締役らの職務執行の監督を行います。

　なお、指名委員会等設置会社の取締役会は、その決議によって、比較的広い範囲の業務執行の決定を執行役に委任することができます。この委任により、取締役会は、業務執行の決定については会社の基本的事項にとどめ、より具体的な事項の業務執行については、執行役による業務執行を監督する機能を発揮することが求められています。

## ● 3つの委員会のポイント

　指名委員会・監査委員会・報酬委員会の委員は、取締役の中から、取締役会の決議によって選定されます。また、各委員会は、3人以上の委員が必要で、各委員会の委員の過半数は社外取締役でなければなりません。ただし、一人の取締役が各委員会の委員を兼任することは可能です。

　**指名委員会の職務は、取締役を「指名」することです。**正確には、株主総会に提出する取締役（および会計参与）の選任・解任の議案の内容を決定することがその職務です。指名委員会等設置会社の取締役会には、この議案の内容を決定したり、指名委員会の決定を変更したりする権限はありません。**指名委員会は、取締役の選任・解任という、取締役に対する人事の権限を独占的に持っている**のです。

　**監査委員会の職務は、まず、執行役・取締役（および会計参与）の職務執行の「監査」と、監査報告の作成があります（いわゆる監査業務）。**また、株主総会に提出する会計監査人の選任・解任の議案の内容を決定することも職務に含まれます。

　**報酬委員会の職務は、執行役・取締役（および会計参与）の個人別の「報酬」の内容を決定することです。**執行役・取締役（および会計参与）の個人別の報酬は、株主総会の決議を経る必要はなく、報酬委員会で最終的に決定でき、またこの報酬の内容を決定したり変更したりする権利は、株主総会にも取締役会にもありません。また、この報酬の内容は、個々の執行役・取締役ごとに決定しなければなりません。

## 指名委員会等設置会社の３つの委員会

**指名委員会** 取締役の選任、解任の議案を決定する。

**監査委員会** 執行役・取締役を監督し、監査報告を作成する。
会計監査人の選任、解任の議案を決定する。

**報酬委員会** 執行役・取締役の個人別の報酬内容を決定する。

## ●執行役・代表執行役とは

指名委員会等設置会社で業務執行を行うのは、取締役ではなく執行役です。執行役は、**❶会社の業務執行**と、**❷取締役会の決議で委任を受けた業務の執行の決定**、の２つの業務を行います。

執行役の任期は、１年（正確には、選任後１年以内に終了する事業年度のうち最終のものに関する定時株主総会の終結の時まで）です。

また、指名委員会等設置会社には代表執行役という機関が置かれます。執行役が２人以上いる場合には、取締役会の決議により、代表執行役を選定する必要があります。

指名委員会等設置会社で「経営陣」といえば、それは代表取締役や取締役ではなく、代表執行役や執行役のことになります。

## ●指名委員会等設置会社の普及状況

指名委員会等設置会社の制度を導入する上場企業は現在100社に満たず、決して多くはないですが、メガバンク３行の各持株会社、日立製作所、ソニー、東芝、日産自動車、東京電力など、日本でも有数の大企業では、導入企業が比較的見られる状況にあります。

# 監査等委員会設置会社の
# ポイントをおさえよう

監査役は置かれず、監査等委員である取締役が監査を行うが、
それ以外は監査役設置会社に比較的近い機関設計の方法

## ●監査等委員会設置会社で置かれる機関

89 ページで概要を説明した監査等委員会設置会社のポイントを、
より詳しくみていきましょう。

監査等委員会設置会社では、監査業務は監査等委員会が行います。
したがって、監査等委員会設置会社では、監査等委員会を置かなけ
ればならず、他方、**監査役を置くことはできません**。監査等委員会
設置会社が置く義務のある委員会は、監査等委員会だけです。

監査等委員会設置会社は、それ以外は、上場企業の監査役会設置
会社の場合と、置くべき機関の種類は同じです。つまり、監査等委
員会設置会社には、株主総会、取締役会、取締役、会計監査人を必
ず置かなければなりません。会計参与を置くことは自由です。

## ●監査等委員＝取締役

監査等委員会の委員、つまり監査等委員は、取締役でなければな
りません。監査等委員である取締役は、それ以外の取締役とは区別
して（通常は別の議案で）、会社の株主総会で選任されます。また、
人数は 3 人以上で、その過半数は社外取締役でなければなりません。

監査等委員である取締役の任期は 2 年（正確には、選任後 2 年以

## 監査等委員会設置会社

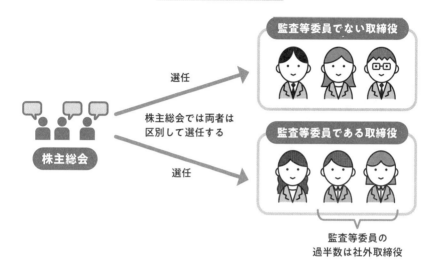

選任

株主総会では両者は
区別して選任する

選任

株主総会

監査等委員でない取締役

監査等委員である取締役

監査等委員の
過半数は社外取締役

内に終了する事業年度のうち最終のものに関する定時株主総会の終結の時まで）です。

監査等委員でない取締役の任期は1年（正確には、選任後1年以内に終了する事業年度のうち最終のものに関する定時株主総会の終結の時まで）ですが、監査等委員である取締役のほうが任期が長いのは、それだけ監査等委員である取締役の身分保障を図ったためです。

監査等委員である取締役は、その会社および子会社の業務執行取締役・従業員・執行役・会計参与を兼ねることはできません。なお、常勤の監査等委員を置く必要はありません。

監査等委員は、株主総会で、監査等委員である取締役の選任・解任・辞任について意見を述べることができます。また、監査等委員である取締役の選任議案を株主総会に提出するには、監査等委員会の同意が必要です。

また、監査等委員である取締役の報酬等は、定款または株主総会で、それ以外の取締役と区別して定めなければなりません。監査等委員である取締役は、株主総会で、監査等委員である取締役の報酬等について意見を述べることができます。

## ●監査等委員会とは

　監査等委員会は、全ての監査等委員で組織される会議体です。

　監査等委員会の職務には、❶取締役（および会計参与）の職務執行の監査と監査報告の作成、❷株主総会に提出する会計監査人の選任・解任・不再任の議案の内容の決定、❸監査等委員でない取締役の人事・報酬に関する株主総会での意見陳述の内容の決定、があります。

　❸についてですが、会社法上、監査等委員会が選定する監査等委員は、株主総会において、監査等委員以外の取締役（要するに、通常は、代表取締役ほかの経営陣である取締役）の選任・解任・辞任、または、報酬等に関して、意見を述べることができます。監査等委員会設置会社でも、経営陣の人事・報酬に対する一定の監督権限が、この意見陳述権という形で認められているのです。

## ●監査等委員会設置会社の取締役会と業務執行

　監査等委員会設置会社の取締役会は、監査役会設置会社の取締役会と同様に、❶会社の業務執行の決定、❷取締役の職務の執行の監督、❸代表取締役の選定・解職、を行います。

　監査役設置会社の場合、監査役は取締役会では議決権はありません。他方、監査等委員会設置会社の監査等委員は、取締役ですので、

## 監査等委員は取締役でもある

| 監査等委員会設置会社の場合 | 監査役設置会社の場合 |
|---|---|

取締役会出席者

**取締役のメンバー**

監査等委員

取締役会で議決権を持つ

取締役会出席者

**取締役の
メンバー**

**監査役の
メンバー**

監査役

取締役会で議決権を持たない

取締役会でも議決権を持って決議に参加することになります。

　監査等委員会設置会社の取締役会は、監査役会設置会社の取締役会と同様、原則として、重要な業務執行の決定を取締役に委任することができません。しかし、例外的に、❶取締役の過半数が社外取締役である場合、または❷定款の定めがある場合には、取締役会の決議によって、重要な業務執行の決定を取締役に委任することができます。

　この場合、取締役への委任が可能な業務執行の範囲は、指名委員会等設置会社において執行役への委任が可能な範囲とほぼ同じであり、比較的広い範囲の業務について委任ができます。

　その他、代表取締役が置かれる点、代表取締役と業務執行を担当する取締役が会社の業務執行を取締役会の指揮・監督の下に行う点は、監査役会設置会社の場合と同じです。

# 役員等（取締役・監査役・会計監査人・執行役など）の責任とは

監査役設置会社、監査等委員会設置会社、指名委員会等
設置会社の役員等の責任のルールは共通

## ● 役員等の会社に対する責任とは

　会社法では、取締役・監査役・会計参与・会計監査人・指名委員会等設置会社の執行役の５つの機関の負う責任を、「役員等の責任」として、まとめて規定しています。なお、ここでいう「役員等の責任」には、監査役設置会社だけではなく、監査等委員会設置会社や指名委員会等設置会社の役員等の責任も含まれます。

「役員等の責任」とは具体的にどのような責任かというと、会社法の条文には、「役員等は、その任務を怠ったときは、会社に対し、これによって生じた損害を賠償する責任を負う」と書かれています。つまり、役員等が、自らの「任務を怠ったとき」に、それによって会社に対して生じる損害の賠償責任のことをいうのです。

　この責任は「任務懈怠責任」と呼ばれることがあります。「懈怠」とはいかにも古めかしい言葉ですが、役員等の責任を説明する際には今でも広く使われており、代わりのいい言葉もないため、そのまま使うこととします。要は「怠った」という意味です。

## ● 任務懈怠責任が認められるための要件

　では、どのような場合に役員等は「任務を怠った」として会社に

対して責任を負うのでしょうか。任務懈怠責任が認められるには、次の４つの要件を全て満たす必要があります。

---

❶役員等が自らの任務を怠ったこと

❷損害が発生したこと

❸任務懈怠と損害との間の因果関係（前述の任務懈怠責任の条文の説明中の「これによって」とは、因果関係のことを意味する）

❹任務懈怠が役員等の故意または過失に基づくものであること（故意・過失。帰責事由とも呼ばれる）

---

❹は会社法の条文にはありませんが、要件の１つであると考えられています。

## ●責任を負担する者の範囲

任務懈怠責任の責任を負うのは、任務懈怠行為を行った役員等本人だけではなく、その行為がたとえば取締役会の決議に基づいて行われた場合には、その決議に賛成した取締役も、その賛成が任務懈怠にあたると判断されれば、任務懈怠責任を負いうることになります。

## ●任務懈怠責任を負う役員等が複数いる場合

任務懈怠責任を負う役員等が複数いる場合には、それらの役員等は、会社に対して連帯して責任（連帯債務）を負います。

# 役員等の責任の免除の方法を
# 知っておこう

役員等の任務懈怠責任は、いくつかの方法で全部または
一部免除できるが、責任限定契約による一部免除が通常

## ●役員等の任務懈怠責任は免除できる

前項で説明した「役員等の会社に対する任務懈怠責任」については、
会社法上、一定の要件のもとで、その責任の「全部」または「一部」
を免除することが認められています。

## ●責任の「全部」の免除

役員等の任務懈怠責任の全部を免除するには、全ての株主の同意
が必要です。したがって、株主が多数にわたる上場企業では、役員
等の任務懈怠責任を免除することは事実上不可能です。

## ●責任の「一部」の免除

任務懈怠責任の一部免除の規定は、2001年（平成13年）の旧商
法の改正で、初めて導入されたものです。この当時、役員に対する
代表訴訟が増加する傾向にあり、代表訴訟の結果、取締役が巨額の
損害賠償債務を負うおそれのある状況では、会社の経営が萎縮した
り、役員のなり手を確保することが困難になったりするおそれがあ
ると考えられ、そうした問題を解消するために導入されました。

役員等の責任の一部を免除することは、会社法上は、3つの方法

が認められています。

> ❶株主総会の特別決議による一部免除
> ❷定款＋取締役会の決議等による一部免除
> ❸定款＋責任限定契約による一部免除

　これらの３つの方法に共通の内容についてまず説明します。

　まず、これらの３つの方法による責任の一部免除は、**役員等が職務を行うにつき善意でかつ重大な過失がない場合（善意かつ無重過失）に限って認められます。**

　ここでいう「善意」とは、通常の日本語の意味とは異なり、「知らない」という意味です。したがって、ここでの「善意でかつ重大な過失がない」とは、「会社に対する任務懈怠により会社に損害を及ぼすことを知らず、かつ知らないことについて重大な過失がない」という意味になります。

　次に、これらの３つの方法による責任の一部免除は、責任を負うべき損害賠償金額から、次の金額（「最低責任限度額」）を控除した額についてのみ、行うことができます。

　言い換えると、責任の一部免除が認められた場合には、その役員等が負う損害賠償金額は、次の金額に限られる（上限とする）、ということです。

❶代表取締役・代表執行役の場合

　→**報酬の６年分**

❷代表取締役以外の取締役（業務執行取締役である場合に限る）または代表執行役以外の執行役

　→**報酬の４年分**

❸❶❷以外の取締役、監査役、会計参与、会計監査人

　→**報酬の２年分**

## ●責任の一部の免除❶～株主総会の特別決議

　責任の一部免除は、まず、株主総会の特別決議で可決されれば、行うことができます。

## ●責任の一部の免除❷～定款の規定＋取締役会決議等

　また、責任の一部免除は、定款で、取締役会の決議（取締役会非設置会社の場合には、責任を負う取締役以外の取締役の過半数の同意）により責任の一部免除ができる旨を規定したうえで、実際に責任を負うべき事情が発生した後に、取締役会の決議等により（一定の割合の株主が異議を述べた場合を除き）、実際に責任を一部免除する、という方法を取ることもできます。

## ●責任の一部の免除❸～定款の規定＋責任限定契約

　さらに、責任の一部の免除は、**業務執行を行わない役員等**、すなわち、業務執行取締役を除く取締役、監査役、会計参与、会計監査人については、定款で責任を一部免除できる旨を規定したうえで、

## 役員等の責任の全部・一部の免除

| | 対象者 | 役員等の主観的要件 | 免除の範囲 |
|---|---|---|---|
| 責任の全部免除（株主全員の同意） | 役員等の全て | 限定なし | 全て |
| 株主総会決議による一部免除 | 役員等の全て | 善意かつ無重過失の場合のみ | 最低責任限度額を超える分のみ |
| 定款＋取締役会決議等による一部免除 | 役員等の全て | 善意かつ無重過失の場合のみ | 最低責任限度額を超える分のみ |
| 定款＋責任限定契約による一部免除 | 業務執行を行わない役員等のみ | 善意かつ無重過失の場合のみ | 最低責任限度額を超える分のみ |

会社とそれらの役員等との間であらかじめ**責任限定契約**を締結することで、責任の一部免除を行うことができます。

　この場合、定款では、「定款で定めた額の範囲内であらかじめ会社が定めた額と最低責任限度額のいずれか高い額を限度とする旨の契約（責任限定契約）を、会社がそれらの役員等と締結することができる」旨を定めることになります。

## ●責任の一部免除の普及状況

　ここに述べた責任の一部免除の３つの方法のうち、❶と❷の方法は、上場企業では利用例は非常に少ないものと推測されます。他方で、❸の方法は、上場企業では、少なくとも社外取締役と社外監査役に関しては、かなり普及しています。

# 株主代表訴訟とは何だろう

会社が自社の取締役に対して起こす訴訟を、
会社に代わって株主が訴える制度

## ●株主代表訴訟という制度がなぜ必要なのか

　役員等の会社に対する任務懈怠に基づく損害賠償責任は、役員等の会社に対する責任ですから、本来は、会社が役員等に対して賠償請求をすることにより、責任追及をするものです。しかし、同じ組織にいる身内意識などを理由に、会社が、取締役などに対して直接責任追及をすることを躊躇することが考えられます。

　そこで、会社法では、役員等その他の者の会社に対する責任や、その他のいくつかの責任について、**株主が、会社に代わって責任を追及する訴訟を起こすことが認められています**。これが「**株主代表訴訟**」と呼ばれるものです。株主代表訴訟は、会社法上いくつか認められている「責任追及等の訴え」のうちの1つです。

## ●株主代表訴訟を提起できる株主

　株主代表訴訟を提起できる株主は、公開会社の場合には、**6カ月前（定款でこの期間を短縮できます）から引き続きその会社の株式を保有する株主**です。非公開会社の株主の場合には、保有期間の要件はありません。公開会社・非公開会社とも、株式の保有数には要件はなく、1株だけ保有している株主でも、原則として株主代表訴訟

## 株主代表訴訟までの流れ

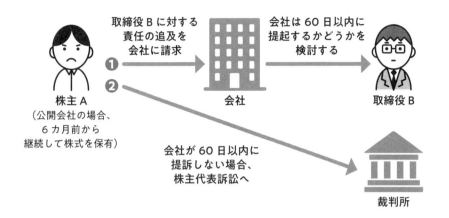

取締役Bに対する
責任の追及を
会社に請求

**❶**

会社は60日以内に
提起するかどうかを
検討する

**❷**

株主A
（公開会社の場合、
6カ月前から
継続して株式を保有）

会社

取締役B

会社が60日以内に
提訴しない場合、
株主代表訴訟へ

裁判所

は提起できます（ただし、定款に、単元未満株式しか保有しない株主には代表訴訟を提起する権限を認めないという規定がある場合には、1単元株以上を保有する必要があります）。

### ●株主代表訴訟の前段階の手続～提訴請求

　株主は、原則として、いきなり株主代表訴訟を起こすことはできません。株主は、株主代表訴訟を提起する前に、まず会社に対して、「会社は、役員等に対し、その責任を追及する訴えを提起せよ」と請求しなければなりません（これを**提訴請求**といいます）。

　こうした提訴請求を株主から受けた会社は、自らが役員等に対して責任を追及する訴えを提起するかどうかを検討します。そして、提訴請求の日から60日以内に会社が役員等に対して訴えを提起しない場合にはじめて、株主は、代表訴訟を提起することができます。なお、緊急性の高い一定の場合には、例外的に、株主は、提訴請求

をすることなく、ただちに代表訴訟を提起することが認められています。

## ●株主代表訴訟の提起の手数料

　裁判所に訴訟を提起する場合には裁判所に所定の手数料を納付する必要があり、金銭を請求する訴訟を提起する場合には通常、その請求金額が高くなればそれに応じて手数料の金額も高くなるのですが、株主代表訴訟の場合には、請求する金額にかかわらず、手数料は一定で低額となっています（2020年12月時点で13,000円です）。

　手数料が低額である点は、株主が株主代表訴訟を提起するハードルを下げる理由の1つといえます。

## ●代表訴訟への会社の参加

　株主代表訴訟が提起された後、会社が、被告である役員等の側に、補助参加という方法で、訴訟に参加することができます。会社が、訴えられた役員等に責任がないと考える場合には、このような訴訟参加をすることで、役員等の訴訟活動をサポートすることができるわけです。

　また、会社が、訴えた原告側に、共同訴訟人として参加することも可能です。訴えた原告以外の株主も、原告側に共同訴訟人として参加できます。

## ●判決の効力

　代表訴訟で判決が出て、その判決が確定した場合には、その確定判決の効力は、勝訴・敗訴のどちらであっても会社に及びます。

　**代表訴訟で勝訴した場合でも、請求した損害賠償等の金銭は、会**

社に対して支払われるものであって、株主に対して支払われるものではありません。代表訴訟では、訴えた株主は、あくまで会社のために訴訟をしているのであり、自らに賠償金等を払えとは請求できないのです。代表訴訟で勘違いしやすい点ですので、注意しましょう。

　ただし、勝訴した場合、株主は、支出した費用や弁護士報酬のうちの相当額の支払いを、会社に対して請求することができます。

　なお、代表訴訟でも、一定の要件のもとで、判決まで至らず、和解によって訴訟を終了させることができます。

## ●多重代表訴訟とは

　2014年（平成26年）の会社法改正（2015年〈平成27年〉5月1日施行）で、新たに「多重代表訴訟」という制度が設けられました。

　これは、親会社の株主が、「子会社の役員等」の「子会社」に対する責任を追及する訴えのことです。つまり、ある会社（B社）があり、その親会社がA社だった場合、子会社（B社）が自社（B社）の役員等に対して行うべき責任追及について、子会社（B社）の株主ではなく、親会社であるA社の株主が、子会社（B社）に代わって、子会社（B社）の役員等に対する訴訟を行う、という制度です。

　多重代表訴訟を提起できる株主は、一定数以上の親会社の株式を保有していなければならない（親会社の総株主の議決権の100分の1以上、または発行済株式の100分の1以上の株式の保有）のですが、上場企業でその要件を満たして株式を保有するのは、機関投資家や創業家等以外では容易ではありません。

　実際のところ、多重代表訴訟は、上場企業に関しては、筆者の知る限り今まで1件も提起されたことはありません。これは、この持株数の要件が厳しすぎることが大きな原因であると推測されます。

# 役員等の第三者に対する
# 責任のルールをおさえよう

役員等は、会社に対してだけではなく、
第三者に対しても責任を負う場合がある

## ● 役員等は第三者に対しても責任を負う

ここまでは役員等の「会社」に対する責任について説明してきました。が、会社法は、役員等が会社以外の「第三者」に対して責任を負う場合があることも規定しています。

つまり、役員等（取締役、監査役、執行役、会計監査人、会計参与）は、**自らの職務の中で悪意または重大な過失があった場合、これによって第三者に生じた損害を賠償する責任を負います。** ここでいう「悪意」とは、「知っていた」という意味です。したがって、ここでの意味は、役員等が「任務懈怠について知っていたか、知らなかったことについて重大な過失があった」という意味になります。

## ● 役員等の第三者に対する損害賠償責任の要件

役員等の第三者に対する損害賠償責任が認められるためには、判例の考えによれば、次の全ての要件を満たすことが必要です。

---

❶役員等が、自らの任務を怠ったこと
❷役員等に、❶の任務懈怠について悪意または重大な過失

があったこと（役員等の会社に対する責任の場合とは異なり、単なる過失ではなく、「重過失」が要件であることに注意）

❸第三者に損害が発生したこと

❹❷の任務懈怠と❸の損害との間に相当因果関係があること

なお、❸の「損害」とは、間接損害（役員等の任務懈怠によりまず会社に損害が発生し、その結果、第三者に損害が生じた場合）と直接損害（役員等の任務懈怠により、第三者に直接損害が生じた場合）の双方を含む、と解されています。

## ●役員等の第三者に対する責任の適用場面

この「役員等の第三者に対する責任」については、これまで、中小企業で会社が倒産した場合に、取引先などの会社債権者が、経営者である代表取締役や他の取締役（実際には取締役としては活動していない名目的な取締役なども含む）の責任を追及する手段として多く利用されてきました。

しかし最近では、必ずしもこのような場合には限定されず、上場企業の場合や、倒産とは関係のない平常時において、かつ、さまざまなケースで、この責任追及がなされるケースが見られるようになっています。したがって現在では、役員等の第三者に対する責任の利用場面は、中小企業で会社が倒産した場合にはもはや限定されない、と理解したほうがよいでしょう。

## ● コーポレート・ガバナンスについて

　本書をお読みの皆さんも、「コーポレート・ガバナンス」という言葉を見たり聞いたりする機会は非常に多いと思います。「コーポレート・ガバナンス」という言葉は、会社法で使われているわけでも、会社法にその内容が示されているわけでもないのですが、「コーポレート・ガバナンス」の考え方は、会社法のルールの内容や在り方に大きな影響を及ぼしています。

　では、「コーポレート・ガバナンス」とは、そもそもどういうことをいうものなのでしょうか。かつては、「コーポレート・ガバナンス」の意味、内容、目的は、論じる人によってさまざまでした。しかし、2015年6月から、東京証券取引所（東証）が**「コーポレートガバナンス・コード」**（「本コード」）という規範の適用を開始しました。これは、コーポレート・ガバナンスに関して上場会社が行うべき事項を多数規定したものですが、上場企業はそれらの事項を行うべき義務があるわけではなく、「それらの事項を実施するか、実施しない場合にはその理由を説明するか」のどちらかをしないといけない、という決まり（コンプライ・オア・エクスプレイン＝遵守か説明か）になっているものです。

　本コードの中に、コーポレート・ガバナンスの定義として、「会社が、株主をはじめ顧客・従業員・地域社会等の立場を踏まえた上で、透明・公正かつ迅速・果断な意思決定を行うための仕組み

を意味する」と記載されています。また、本コードには、本コードが、会社が「持続的な成長と中長期的な企業価値の向上」を達成するためのものであることが示されています。

　コーポレート・ガバナンスの究極的な目的も、その仕組みを通じて、会社が持続的な成長や、中長期的な企業価値を向上させるためのものであるといえます。会社法で、機関設計をどのように行うか、役員などにどのような法的義務を負わせるかも、こうしたコーポレート・ガバナンスの観点から、どのようなルールにすれば、企業が成長し、企業価値を向上させられるか、という考え方に基づいて、ルールが決められている、といえるでしょう。

　コーポレートガバナンス・コードの適用の後、ガバナンスに関して以前よりも積極的な意味を見出し、検討する上場企業が徐々に増えてきたと思われ、進展が今後も注目されます。

　なお、マスコミ報道で、コーポレートガバナンス・コードを「企業統治指針」と略す記載を見ることがありますが、正式な略語ではありません。「CG コード」と略すのが一般的です。

　また、コーポレートガバナンス・コードの対象は上場企業ですが、機関投資家を対象とした行動規範として、2014 年に金融庁が**「スチュワードシップ・コード」**を公表しています。

# ● 会社補償（補償契約）・D&O 保険とは？

　会社が役員等（取締役、会計参与、監査役、執行役または会計監査人）との間で、補償契約という契約を締結することがあります。**補償契約**とは、役員等が、その職務執行に関し、法令違反が疑われ、または責任を追及する請求を受けたことに対処するために支出した費用や、第三者に損害賠償責任を負う場合の賠償金や和解金を、会社がその役員等に対して補償することを約束する契約のことです。

　また、会社の役員等が、その職務執行に関して賠償責任等を負う場合に、その損害について保険金を支払う保険（会社役員責任賠償保険。**D&O 保険**ともいいます）の契約を、会社が役員等のために保険会社と契約することがあります。

　こうした補償契約や役員等賠償責任保険契約（D&O 保険などのうち一定の要件をみたす契約）は、会社が役員等のために金銭を出費するものであり、会社と役員等の利益が相反する点で利益相反取引（→ 139 ページ）と似た特徴があるため、利益相反取引と同様に、株式会社がこれらの契約の内容を決定するには、取締役会（取締役会非設置会社の場合には、株主総会）の決議が必要です。このルールは、令和元年（2019 年）会社法改正で新設されました（2021 年3月1日施行）。

# PART5

# 会社の計算について
# 知っておこう

# 会社の計算・会計とは
# 何だろう

会計とは、株主・債権者など会社の利害関係者のために、
会社の経営や財政の状況を把握し、開示すること

## ● 株式会社の計算に関するルールとは

　会社法には、株式会社の「計算」に関するルールが規定されています。ここでいう「計算」とは、「会計」のことです。

「会計」とは、会社の経営成績や財政状況を定期的に把握し、それを利害関係者に開示することをいいます。会社のこうした情報が開示されることで、株主や債権者、またはこれから会社と取引をしようとする者などは、それぞれの立場で、今後どのような行動をするか（たとえば株主なら、その株式を保有し続けるか、それとも売却するか。債権者なら、どの程度確実に債権回収ができそうか、不安があるのならば担保を要求するかなど）を判断することができます。

## ● 会計の原則（公正な会計慣行）

　株式会社の計算＝会計に関するルールは、会社法や会社計算規則に定められていますが、会計に関する具体的なルールは膨大で、法令で全て規定することは難しく、また、慣行によって決められているものも多いです。そこで、会社法では、株式会社の会計は、**一般に公正妥当と認められる企業会計の慣行に従うものとする**、と定められています。

## ● 会計帳簿とは

　株式会社は、適時に、正確な**会計帳簿**を作成しなければなりません。会計帳簿には、元帳（総勘定元帳）、仕分帳、伝票といったものがあり、書面または電磁的記録（電子データ）で作成することが必要です。会社は、会計帳簿の閉鎖（事業年度末にその年度の計算を締め切ること）の時から10年間、その会計帳簿とその事業に関する重要な資料を保存しなければなりません。

　こうした会計帳簿は、会社が計算書類や附属明細書を作成する際の情報のもととなるものです。

## ● 会計帳簿の閲覧・謄写請求権

　会計帳簿またはこれに関する資料の閲覧や謄写は、全ての株主ができるわけではなく、一定の範囲の大株主に限定されています。

　つまり、総株主の議決権の100分の3以上の議決権または発行済株式の100分の3以上の株式を有する株主（どちらの要件も、定款で引き下げることが可能です）は、会社の営業時間内はいつでも、会計帳簿またはこれに関する資料の閲覧・謄写を請求できます。

　ただし、会計帳簿またはこれに関する資料の閲覧・謄写請求については、会社法上、会社がその請求を拒絶できる事由が5つ定められており（たとえば、請求者が会社の業務と実質的に競争関係にある事業を営み、または従事するものであるときなど）、その拒絶事由にあたる場合には、閲覧・謄写請求は認められません。

# 計算書類・事業報告について知っておこう

株式会社は、事業年度ごとに、計算書類と事業報告を
作成しなければならない

## ●作成が必要な計算書類とは

　株式会社は、事業年度ごとに、「計算書類」「事業報告」、およびこれらの「附属明細書」を作成しなければなりません。

　このうち、「計算書類」とは、「貸借対照表」「損益計算書」「株主資本変動等計算書」、および「個別注記表」をさします。また、「事業年度」は、1年以内の期間で各会社が決めますが、1年とする会社がほとんどであり、また、1事業年度は、毎年4月1日から翌年3月31日までとする会社（3月決算の会社）が比較的多いです。

## ●貸借対照表とは

　「貸借対照表」とは、会社の財政状態を明らかにするため、**一定の時点における資産・負債・純資産を記載する計算書**のことです。計算書類としての貸借対照表とは、各事業年度の末日（たとえば、3月決算の会社の場合には、事業年度の開始日の翌年の3月31日）における資産・負債・純資産を記載するものです。

　貸借対照表では、資産の部を左側に、負債の部を右側上部に、純資産の部を右側下部に記載します。貸借対照表の右側（すなわち、

# 貸借対照表

| 資産の部 | | 負債の部 | |
|---|---|---|---|
| 科目 | 金額 | 科目 | 金額 |
| **流動資産** | ××× | **流動負債** | ××× |
| 現金・預金 | ××× | 支払手形 | ××× |
| 受取手形 | ××× | 買掛金 | ××× |
| 売掛金 | ××× | 短期借入金 | ××× |
| 有価証券 | ××× | リース債務 | ××× |
| 商品・製品 | ××× | 未払金 | ××× |
| 仕掛金 | ××× | 未払費用 | ××× |
| 原材料・貯蔵品 | ××× | 未払法人税等 | ××× |
| 前払費用 | ××× | 前受金 | ××× |
| 繰延税金資産 | ××× | 預り金 | ××× |
| その他 | ××× | 前受収益 | ××× |
| 貸倒引当金 | △ ××× | その他 | ××× |
| **固定資産** | ××× | **固定負債** | ××× |
| **有形固定資産** | ××× | 社債 | ××× |
| 建物 | ××× | 長期借入金 | ××× |
| 構築物 | ××× | リース債務 | ××× |
| 機械装置 | ××× | その他 | ××× |
| 車両運搬具 | ××× | **負債の部合計** | ××× |
| 工具器具備品 | ××× | **純資産の部** | |
| 土地 | ××× | **株主資本** | ××× |
| リース資産 | ××× | **資本金** | ××× |
| 建設仮勘定 | ××× | **資本剰余金** | ××× |
| その他 | ××× | 資本準備金 | ××× |
| **無形固定資産** | ××× | その他資本剰余金 | ××× |
| ソフトウェア | ××× | **利益剰余金** | ××× |
| リース資産 | ××× | 利益準備金 | ××× |
| のれん | ××× | その他利益剰余金 | ××× |
| その他 | ××× | ○○積立金 | ××× |
| **投資その他の資産** | ××× | 繰越利益剰余金 | ××× |
| 投資有価証券 | ××× | **自己株式** | △ ××× |
| 関係会社株式 | ××× | **評価・換算差額等** | ××× |
| 長期貸付金 | ××× | その他有価証券評価差額金 | ××× |
| 繰延税金資産 | ××× | **新株予約権** | ××× |
| その他 | ××× | | |
| 貸倒引当金 | △ ××× | | |
| **繰延資産** | ××× | | |
| 社債発行費 | ××× | **純資産の部合計** | ××× |
| **資産の部合計** | ××× | **負債・純資産合計** | ××× |

負債の部と純資産の部）は、会社が資金をどのように調達したかの調達源を、左側（すなわち、資産の部）は、会社がそうして調達した資金をどのように運用しているかを、それぞれ示すものです。また、**貸借対照表の左側の数値の合計と、右側の数値の合計は必ず一致します。**

## ● 損益計算書とは

**「損益計算書」とは、計算書類の場合には、１事業年度に発生した収益とそれに対応する費用とを記載することにより、その事業年度１年間の会社の業績を明らかにする計算書**のことです。

　損益計算書は、「売上高」から、「売上原価」と「販売費及び一般管理費」を控除し、「営業外収益」と「営業外費用」を加減し、「特別利益」および「特別損失」を加減した後、最後に、法人税などの納税額を引いて、法人税等調整額を加減した額である「当期純利益」（マイナスの場合は「当期純損失」）の金額を表示します。

　この「当期純利益」または「当期純損失」が、会社の１事業年度の最終的な「もうけ」または「損」の金額にあたるものです。当期純利益・当期純損失の金額は、貸借対照表の純資産の部の「その他利益剰余金」の金額を、その金額だけ増減させます。

## ● 株主資本等変動計算書と個別注記表とは

**「株主資本等変動計算書」とは、１事業年度における貸借対照表の純資産の部の変動を示す計算書**のことです。

**「個別注記表」とは、貸借対照表、損益計算書、株主資本等変動計算書への注記や、それ以外の注記事項を表示する書類**のことです。

## 損益計算書

| | 金額 |
|---|---|
| 売上高 | ×××× |
| 売上原価 | ×××× |
| **売上総利益** | ×××× |
| 販売費及び一般管理費 | ×××× |
| **営業利益** | ×××× |
| 営業外収益 | ×××× |
| 営業外費用 | ×××× |
| **経常利益** | ×××× |
| 特別利益 | ×××× |
| 特別損失 | ×××× |
| **税引前当期純利益** | ×××× |
| 法人税、住民税及び事業税 | ×××× |
| 法人税等調整額 | ×××× |
| **当期純利益** | ×××× |

## ● 事業報告とは

**「事業報告」**は、事業年度ごとに、その事業年度中の会社の状況に関する事項（会計に関する事項を除きます）を報告するものです。会計に関する事項は含まれないため、事業報告は計算書類ではなく、会計監査人の監査の対象にもなりません（この点は後述します）。

## ● 附属明細書とは

**「附属明細書」**とは、計算書類および事業報告の内容を補足する重

要な事項を表示する書類のことです。計算書類に関する附属明細書と、事業報告に関する附属明細書は、別の書類として作成されます。

## ●臨時計算書類とは

　事業年度中の一定の日を臨時決算日と定め、臨時決算日における貸借対照表、および当該事業年度の初日から臨時決算日までの期間の損益計算書を作成することができます。これらの貸借対照表と損益計算書のことを**「臨時計算書類」**といいます。

## ●連結計算書類とは

　ここまで説明した計算書類は、１つの会社が自らの会社の会計について作成する書類です（「単体の計算書類」ともいいます）。

　ただ、上場企業など規模の大きな会社の多くは、子会社を含めたグループ全体で経営をしているため、そうした企業グループ全体の財政状態・業績を示すための書類として、**「連結計算書類」**という制度が設けられています。具体的には、連結計算書類とは、**連結貸借対照表・連結損益計算書・連結株主資本等変動計算書・連結注記表**の４つのことを指します。

　会計監査人設置会社は、連結計算書類を作成することができます（作成は任意です）。また、大会社で、かつ有価証券報告書の提出義務のある会社は、連結計算書類を作成しなければなりません。

# 計算書類・事業報告

## すべての会社で作成が必要なもの

**1 計算書類**
- ❶ 貸借対照表
- ❷ 損益計算書
- ❸ 株主資本等変動計算書
- ❹ 個別注記表

**2 事業報告**

**3 附属明細書**
- ❶ 計算書類に関する附属明細書
- ❷ 事業報告に関する附属明細書

## 一部の株式会社で作成が必要なもの

**4 連結計算書類**
- ❶ 連結貸借対照表
- ❷ 連結損益計算書
- ❸ 連結株主資本等変動計算書
- ❹ 連結注記表

## 作成は任意のもの

**5 臨時計算書類**
- ❶ 臨時決算日における貸借対照表
- ❷ 臨時決算日の属する事業年度の初日から臨時決算日までの期間にかかる損益計算書

# 決算の手続をおさえよう

会社が作成した計算書類は、監査を受け、
取締役会の承認を受け、定時株主総会で承認を受け、
または報告する必要がある

## ●計算書類等の作成・保存

　株式会社で、計算書類等を作成し、監査を受け、定時株主総会で
承認等を受け、株主や債権者などの利害関係者に開示する、という
一連の過程を「**決算**」といいます。

　以下、決算の流れを順番にみていきましょう。


　株式会社は、各事業年度に関する計算書類、事業報告、およびそ
れらの附属明細書を作成しなければなりません。また、一定の要件(前
項を参照) を満たす会社は、連結計算書類を作成しなければなりま
せん。

　これらの書類の作成者は、代表取締役、または計算に関する業務
執行を担当する取締役（指名委員会等設置会社の場合には、代表執
行役、または計算に関する業務執行を担当する執行役）ですが、会
計参与が置かれた会社では、これらの取締役または執行役は、会計
参与と共同で作成する必要があります。

　株式会社は、計算書類を作成した時から 10 年間、その計算書類と
附属明細書を保存しなければなりません。

## ●計算書類等の監査

会計監査人設置会社を除く監査役設置会社では、計算書類、事業報告、およびそれらの附属明細書について、**監査役の監査**を受けなければなりません。ただし、監査役の監査の範囲を会計に関するものに限定する旨の定款の定めのある会社では、監査の対象は、計算書類とその附属明細書に関する監査に限られます（事業報告とその附属明細書に関する監査の権限はありません）。

会計監査人設置会社では、事業報告とその附属明細書について、**監査役[※2]の監査**を受けなければなりません。また、計算書類とその附属明細書については、**監査役[※2]と会計監査人の両方の監査**を受けます。

監査の結果は、**監査報告**（監査役、監査役会、監査等委員会、または監査委員会が作成）および**会計監査報告**（会計監査人が作成）という書類にまとめられます。監査役会設置会社の場合には、各監査役の個別の監査報告に基づいて、監査役会の監査報告が作成されます。監査報告や会計監査報告に記載すべき内容は、会社法施行規則と会社計算規則で詳しく規定されています。

また、連結計算書類を作成する会社では、連結計算書類について、監査役[※2]および会計監査人による監査を受ける必要があります。

※2：監査等委員会設置会社の場合には監査等委員会、指名委員会等設置会社の場合には、監査委員会。

## ●取締役会の承認

取締役会設置会社では、計算書類、事業報告、およびそれらの附属明細書（これらについて監査を受けるべき場合には、監査を受けたもの）は、**取締役会の承認**を受けなければなりません。連結計算書類についても同様です。

## ●株主への提供

取締役会設置会社では、取締役は、定時株主総会の招集の通知に際して、取締役会の承認を受けた計算書類、事業報告、監査報告および会計監査報告を、株主に提供しなければなりません（附属明細書は、株主には提供されません）。

また、連結計算書類を作成した会社では、取締役は、定時株主総会の招集の通知に際して、取締役会の承認を受けた連結計算書類を、株主に提供しなければなりません。

実務上は、計算書類、事業報告、監査報告および会計監査報告や連結計算書類は（および、法律上は提供は義務ではないのですが、連結計算書類に関する監査報告および会計監査報告も）、定時株主総会の招集通知と一緒の冊子またはセットの書類として、株主に送付されます。

## ●定時株主総会での承認または報告

取締役会設置会社では、取締役は、監査を受け取締役会の承認を経た計算書類と事業報告を、定時株主総会に提出し、**計算書類については定時株主総会の承認を受け、事業報告についてはその内容を定時株主総会で報告しなければなりません。**

## 決算の基本的な流れ

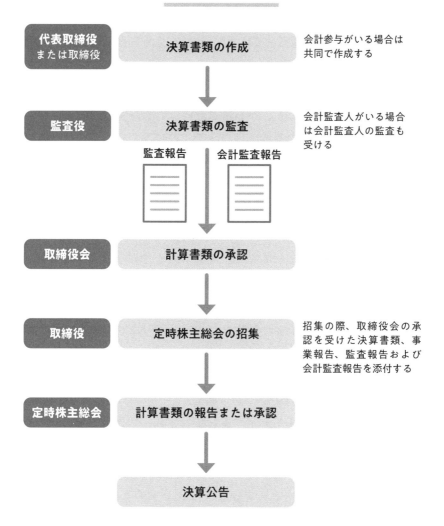

**代表取締役**
または取締役
　決算書類の作成　　会計参与がいる場合は共同で作成する

**監査役**
　決算書類の監査　　会計監査人がいる場合は会計監査人の監査も受ける

監査報告　　会計監査報告

**取締役会**
　計算書類の承認

**取締役**
　定時株主総会の招集　　招集の際、取締役会の承認を受けた決算書類、事業報告、監査報告および会計監査報告を添付する

**定時株主総会**
　計算書類の報告または承認

　決算公告

ただし、計算書類については特別の定めがあり、計算書類が法令・定款に従い会社の財産および損益の状況を正しく表示しているものとして会社計算規則で定める要件（❶取締役会設置会社かつ会計監査人設置会社であること、❷会計監査報告で計算書類について無限定適正意見〈計算書類が一般に公正妥当と認められる企業会計の慣行に準拠して、その計算書類が対象とする期間の財産・損益の状況を全ての重要な点において適正に表示していると認められるとの意見〉が付されていること、かつ❸監査役、監査役会、監査等委員会または監査委員の監査報告に会計監査人の監査の方法または結果を不相当とする意見がないこと等の要件）に該当する場合には、**定時株主総会での承認は不要**であり、この場合、取締役は、**計算書類の内容を報告すれば足ります**（報告は義務です）。

　実際に、上場企業の定時株主総会では、単体の計算書類はほとんどの会社が報告事項としており、決議事項とされる場合はごく少数です。

　また、連結計算書類を作成した会社は、連結計算書類の内容と監査の結果を定時株主総会に報告しなければなりません（連結計算書類については、定時株主総会での承認は一律に不要です）。

## ●決算公告とは

　株式会社は、定時株主総会の終結後遅滞なく、貸借対照表（大会社の場合には損益計算書も）を公告しなければなりません。

　ただし、定款で官報または日刊新聞紙による公告方法を定めている場合には、その要旨を公告すれば足ります。またこの場合には、貸借対照表（大会社の場合には損益計算書も）の内容である情報を、定時株主総会の終結後5年間、インターネット等で公開する方法を

採ることで、公告に代えることができます。

　上場企業など、有価証券報告書の提出義務のある会社は、有価証券報告書で計算書類の詳しい情報を公開するため、公告は不要です。

## ●計算書類等の備置きおよび閲覧・謄抄本等の請求

　株式会社は、計算書類、事業報告、それらの附属明細書、監査報告、および会計監査報告を、定時株主総会の2週間前（取締役会非設置会社の場合には1週間前）の日から、本店に5年間、写しを支店に3年間、備え置かなければなりません（支店については例外があります）。臨時計算書類についても、臨時計算書類の作成日から、同様の備置きの義務があります。他方、連結計算書類については、このような備置きの義務はありません。

　また、株主および債権者は、営業時間内はいつでも、備置き義務のある計算書類等の閲覧、謄本・抄本の交付等を請求することができます。

# 資本金・準備金・剰余金について理解しよう

いずれも、貸借対照表の純資産の部にある項目である

## ●純資産・資本金・準備金・剰余金とは

　貸借対照表（→ 198 ページ）のうち、純資産とは、会社の資産と負債との差額のことをいいます。そして純資産の部は、株主の持ち分を表す「株主資本」と、株主資本にも負債にもあたらない中間的な項目である「評価・換算差額等」「新株予約権」に区分されます。

　ここでは、最も重要な項目である「株主資本」について詳しく説明します。

　貸借対照表の株主資本の部は、主に、「**資本金**」「**資本剰余金**」「**利益剰余金**」「**自己株式**」に区分されます。

　このうち、**資本剰余金**は、「**資本準備金**」と「**その他資本剰余金**」に区分され、**利益剰余金**は、「**利益準備金**」と「**その他利益剰余金**」とに区分されます。「**資本準備金**」と「**利益準備金**」を合わせて「**準備金**」と呼び、「**その他資本剰余金**」と「**その他利益剰余金**」を合わせて「**剰余金**」と呼びます（「資本剰余金」と「利益剰余金」を合わせて「剰余金」と呼ぶわけではないことにご注意ください）。

　「自己株式」は、貸借対照表では純資産の部の控除項目として、自己株式の取得価額がマイナスの金額で表示されます。

## 純資産の部の各項目

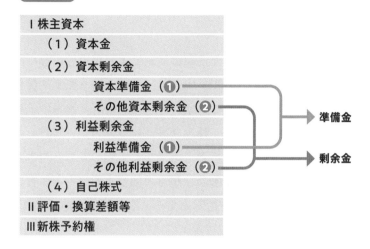

**純資産**

Ⅰ 株主資本
　（1）資本金
　（2）資本剰余金
　　　資本準備金（❶）
　　　その他資本剰余金（❷）
　（3）利益剰余金
　　　利益準備金（❶）
　　　その他利益剰余金（❷）
　（4）自己株式
Ⅱ 評価・換算差額等
Ⅲ 新株予約権

準備金
剰余金

▼（2）資本剰余金と（3）利益剰余金を整理してみると……

|  | （2）資本剰余金 | （3）利益剰余金 |  |
| --- | --- | --- | --- |
| ❶ | 資本準備金 | 利益準備金 | →**準備金** |
| ❷ | その他資本剰余金 | その他利益剰余金 | →**剰余金** |

## ●資本金とは

「資本金」とは、株式会社が法律の規定により純資産の部に計上することを要する金額のことです。

　資本金の額は、原則として、設立または株式の発行に際して株主となる者が会社に対して払込み（現物出資の場合には給付）をした額の総額が、株式会社の資本金の額として計上されます。しかし、

例外として、払込み・給付をした総額の2分の1までは、資本金として計上せず、資本準備金に計上することができます。

　なお、資本金の額は、登記事項です。


## ●準備金とは

「**準備金**」とは、**株式会社が法律の規定により純資産の部に計上することを要する金額**のことで、210ページのとおり**資本準備金と利益準備金**とに分かれます。

　このうち、資本準備金は、❶設立または株式の発行に際して株主となる者が会社に対して払込み・給付をした額のうち、資本金として計上されなかった額や、❷会社がその他資本剰余金を原資として剰余金の配当をする場合に積み立てることが要求される額などが、これにあたります。

　また、利益準備金は、会社がその他利益剰余金を原資として剰余金の配当をする場合に積み立てることが要求される額のことをいいます。

　準備金の額は登記事項ではありませんが、貸借対照表によって公開されます。


## ●剰余金とは

「**剰余金**」とは、**剰余金の配当などを行う際の分配可能額を計算する際の基礎となる金額**のことをいいます。剰余金は、210ページのとおり「その他資本剰余金」と「その他利益剰余金」に分かれます。

## ●任意積立金とは

　会社は、株主総会の決議により、「任意積立金」を積み立てること

ができます。任意積立金とは、株主に配当することができる剰余金の金額の一部を、会社が自発的に積み立てた金額のことです。貸借対照表上は「○○積立金」という名称で表記されます。

## ● 資本と利益の区別の原則

　株式会社が行う取引は、「資本取引」と「損益取引」とに区別できます。このうち、**資本取引は、会社と出資者である株主との間で行われ、純資産を増減させる取引のこと**で、たとえば新株発行による出資や剰余金の配当などがこれにあたります。また、**損益取引とは、企業の事業活動の過程で行われ、収益や費用を発生させる取引のこと**です。会社が行う資本取引以外のほとんどの取引がこれにあたります。

　そして、会計上、**資本取引と損益取引とは明瞭に区別しなければならない**とされています（これを「資本と利益の区別の原則」といいます）。これは、事業の元手となる出資に関する取引（資本取引）と、事業活動によって得られた収益（損益取引）とを区別しないで把握すると、会社が事業活動によってどれだけ利益を上げたかを正確に確認できなくなるためです。

　貸借対照表の純資産の部で、資本剰余金と利益剰余金とが区別されているのは、こうした会計上の原則に基づくものなのです。

## ● 資本金と準備金の性質

　株式会社は、「純資産の額」が、「資本金の額と準備金の額の合計額」を上回らない限り（この合計額を上回る金額を「分配可能額」といいます）、剰余金の配当など、株主への分配を行うことができない、

というルールがあります。

　株式会社では、株主有限責任の原則（→ 17、45 ページ）が採られており、会社財産が不足した場合に、債権者が株主に対して直接回収を行うことは、原則として認められません。したがって、会社財産を確保することは債権者の保護のために重要であり、会社財産の流出を伴う剰余金の配当には、法律で限度を設ける必要があります。

　この場合、「純資産の額（すなわち、資産マイナス負債の額）が少しでもプラスであれば、剰余金の配当ができる」というルールにしてしまうと、会社が事業活動を行う過程で資産額の合計が負債額の合計をすぐに下回る可能性があるため、会社財産を危うくするリスクが高くなります。そこで会社法は、「資本金」と「準備金」という制度を設け、その合計額を超えるまでは剰余金の配当は許さない、というルールを設けて、会社財産を確実に保護しようとしたのです。「準備金」という項目は、「資本金」という項目だけだと資産の額は急激に変動することもあるため、会社財産をより一層確実に保つためのバッファーとして設けられたものです。

　なお、資本金や準備金は、あくまで計算上の数額に過ぎず、資本金や準備金という名目の金銭を会社がどこかに保有しているわけではありません。また、資本金や準備金の額の増加・減少というのも、貸借対照表における資本金や準備金の金額が数字のうえで増加・減少するに過ぎず、実際の会社財産が増加・減少するわけではありません。

## 資本金と準備金の性質

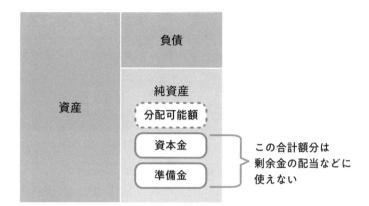

資本金
原則として、設立または株式の発行時に株主が会社に対して払い込んだ額の総額。ただし、総額の2分の1までは資本準備金に計上できる。

準備金
もしものときのために会社が資本金とは別に積み立てておくもの

# 5

# 資本金・準備金の減少とは
# 何だろう

資本金と準備金は減らすことができる

## ● 資本金の額の減少とは

前項で資本金・準備金の内容について詳しく説明しましたが、本項では、それらの額を減少させることについて説明します。

株式会社は、資本金の額を減少させることができます。この「資本金の額の減少」は、一般に**「減資」**とも呼ばれます。

資本金の額の減少が行われた場合、**減少した額だけ、「資本準備金の額」または「その他資本剰余金の額」**が増加します。

株式会社が資本金の額の減少を行うには、原則として、**❶株主総会の特別決議**と、**❷債権者異議手続**が必要です。資本金の額を減少するということは、会社の基礎的事項の変更であり、株主および会社債権者の双方の利益に影響が大きいためです。

**❶**の株主総会の特別決議に関しては、2つの例外があります。1つ目の例外は、欠損の填補を目的とする減資の場合（定時株主総会で、かつ、減少する資本金の額が定時株主総会の日における欠損の額を超えない範囲で減資の決議をする場合）には、（定時）株主総会の普通決議で足ります。2つ目の例外は、株式の発行と同時に減資をする場合で、結果的に資本金の額が同じかまたは増加する場合には、

株主総会決議は不要で、取締役会決議（取締役会非設置会社の場合には取締役の決定）で足ります。

❷の債権者異議手続については、会社は、減資の内容や、債権者が一定期間内（１カ月以上必要）に減資について異議を述べることができる旨などを官報に公告し、かつ、知れている債権者には、個別に催告しなければなりません。ただし、会社が官報に加えて、その会社の定款の定めに従い、日刊新聞紙または電子公告でも公告する場合には、個別の催告は不要です。

債権者が期間内に異議を述べなかったときは、その債権者は、減資について承認をしたものとみなされます。債権者が異議を述べた場合には、一定の場合を除き、会社はその債権者に対し、弁済、担保の提供または財産の信託のうちのどれかをしなければなりません。

## ● 準備金の額の減少とは

株式会社は、準備金の額を減少させることもできます。

準備金の額を減少させた場合には、**減少した額だけ、資本金の額または剰余金の額（資本準備金の額を減少させた場合には「その他資本剰余金」の額、利益準備金の額を減少させた場合には「その他利益剰余金」の額）が増加**します。

株式会社が準備金の額の減少を行うには、原則として、**❶株主総会の普通決議**（特別決議は不要）と、**❷債権者異議手続**が必要です。

ただし、例外的に、❶について取締役会決議（取締役会非設置会社の場合には取締役の決定）で足りる場合があり、❷について債権者異議手続が不要な場合があります。

# 剰余金の配当のルールを
# おさえよう

一般に「利益配当」と呼ばれる手続であり、株主に多く配当
されすぎて会社財産を害さないよう、厳しい規制がある

## ●剰余金の配当とは

**剰余金の配当**とは、会社が、株主に対し、その保有する株式数に
応じて金銭等の会社財産を分配することです。

株式会社は、事業によって得た利益を株主に分配することをその
目的としており、そのための基本的な方法が**剰余金の配当**です。

剰余金の配当は、旧商法では「利益配当」と呼ばれていましたが、
会社法では「剰余金の配当」という言い方に改められました。

剰余金の配当は、会社財産が会社から流出し株主に分配されるこ
とを意味しますが、もし株主への分配が無制限で行われると、会社
財産が過剰に減少し、会社債権者は自らの債権が回収できなくなる
おそれがあります。

このため、剰余金の配当によって受ける株主の利益が会社債権者
の利益を不当に害さないよう、両者の利害を調整するため、会社法は、
剰余金の配当の手続や、配当ができる金額の限度について規制を設
けています。

## 剰余金の配当は原則、株主総会決議で決定する

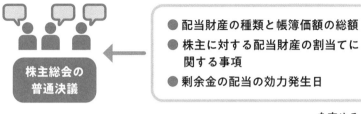

株主総会の
普通決議

● 配当財産の種類と帳簿価額の総額
● 株主に対する配当財産の割当てに
　関する事項
● 剰余金の配当の効力発生日

を定める

## ●配当を決定する機関～原則（株主総会決議）

### (1) 原則

　剰余金の配当は、原則として、**株主総会の決議**で決定することが必要です。この場合の株主総会の決議は、一部の例外を除き普通決議でよく、また、定時株主総会である必要はありません。

### (2) 中間配当

　取締役会設置会社は、1事業年度の途中で1回に限り、**取締役会の決議**で剰余金の配当（金銭の配当に限ります）をすることができる旨を定款で定めることができます（**中間配当**）。

## ●配当を決定する機関～例外（取締役会への権限付与）

　❶会計監査人設置会社である監査役会設置会社で、取締役の任期が1年を超えない（選任後1年以内に終了する事業年度のうち最終のものに関する定時株主総会の終結の日を超えない）会社、❷監査等委員会設置会社、または❸指名委員会等設置会社は、剰余金の配当を、取締役会で決定できる旨を、定款で定めることができます。

　こうした定款の定めがあり、かつ、会計監査人や監査役会などの

監査報告の意見の内容が一定の要件を満たす場合には、株主総会決議を経ず、取締役会の決議で、剰余金の配当を決定できます。

## ●配当の時期・基準日・交付の手続

剰余金の配当については、中間配当を除き、行うことのできる回数に制限はないので、必要な株主総会または取締役会の決議を経れば、年に何度でも剰余金の配当を行うことができます。

上場企業では、剰余金の配当について基準日（→ 56 ページ）を定め、その基準日現在の株主に剰余金の配当を行うことが通常です。

## ●剰余金の配当の要件

剰余金の配当には、次の要件があります。

---

❶会社の純資産額が 300 万円を下回る場合には、剰余金の配当をすることはできない

❷剰余金の配当によって会社から株主に対して交付する金銭等の総額は、配当の効力発生日の「分配可能額」を超えてはならない（後述）

❸剰余金の配当をする場合には、（資本準備金と利益準備金の合計額が資本金の額の 4 分の 1 に達するまで、）配当により減少する剰余金の額の 10 分の 1 を資本準備金または利益準備金として計上しなければならない

---

なお、会社が保有する自己株式に対しては、剰余金の配当はでき

ません。

## ●分配可能額に関する規制

　剰余金の配当については、配当により株主に交付される金銭等の帳簿価額の総額は、配当の効力発生日における**「分配可能額」**を超えてはならない、というルールがあります。

　ここでいう「分配可能額」とは、複雑な計算が必要なのですが、簡単にいえば、最終事業年度の末日における「その他資本剰余金」と「その他利益剰余金」の合計額を基礎として、この金額に、複数の項目に基づいて金額を加算・減算することで算出されます。

　なお、「最終事業年度」とは、計算書類について定時株主総会の承認（定時株主総会の承認が不要な場合には取締役会の承認）を受けた事業年度のうち、最も遅いものをいいます。

## ●分配可能額規制に違反する剰余金の配当の効果

　分配可能額を超える金額を配当したなど、分配可能額の規制に違反した剰余金の配当を受けた株主は、過失（不注意）の有無にかかわらず、配当を受けた金銭の額を会社に支払う義務を負います。

　また、そうした違法な剰余金の配当を行った業務執行取締役などの一定の者や、その配当の議案を株主総会や取締役会に提案した取締役なども、連帯して、会社が株主に交付した金銭の額を、会社に支払う義務を負います。ただし、それらの者が、自らの職務執行について注意を怠らなかったことを証明したときには、この義務を免れます。

　また、故意に、分配可能額を超えて剰余金を配当した取締役などの一定の者は、刑事罰の対象にもなります。

# PART6

# 会社はどうやって
# 資金調達するのだろう

PART6

## 株式会社の資金調達には
## どんな方法があるだろう

金銭の借入れ、株式の発行、社債の発行が
代表的な資金調達方法

### ●株式会社の資金調達はなぜ必要なのか

　株式会社が日々の営業活動を行うためには、いうまでもありませんが、おカネの存在が不可欠です。

　では、会社は営業活動のためのおカネをどのように確保・維持するのでしょうか。会社が日々の営業活動で利益を上げた場合には、その利益の全てを株主への配当に回すのではなく、その後のビジネスで必要な資金などのために社内に残すこと（**内部留保**）ができます。

　しかし、会社が、自社のビジネスの規模を拡大するために大きな設備投資などをしたい場合や、逆に、経営難のため資金不足となった場合などには、内部留保では足りず、外部から資金を調達する必要が出てきます。

### ●株式会社の資金調達の方法とは

　では、企業が外部から資金調達をする方法には、どのようなものがあるのでしょうか。

　第1に、銀行などの金融機関から**借入れ**をする方法があります。第2に、会社が**株式**を発行し、株式の引受人から出資を受けるという方法もあります。第3に、会社が**社債**を発行して資金を集めると

いう方法もあります。

　また、これら３つの方法より重要度は少し落ちますが、会社が新株予約権（→ 234 ページ）を発行して資金を調達する方法もあります。

　借入れ・株式の発行・社債の発行の３つの方法のうち、金融機関からの借入れは、金融機関が預金者からお金を借りたうえで、それを会社に貸し付けるので、「**間接金融**」とも呼ばれます。他方、株式や社債は、会社がお金を提供する人から直接資金を調達するので、「**直接金融**」とも呼ばれます。

　社債は、会社を債務者とする金銭債権であり、一定の時期に債務を返済（償還といいます）しなければならない点で、株式とは異なります。他方、この点では、社債と借入れとは共通します。

　また、株式は、その保有者は株主として、議決権などの行使により会社の経営に参加することができますが、社債や借入れは、あくまで債権者に過ぎませんので、経営への参加はできません。

## 借入れ、社債、株式の比較

| | 借入れ | 社債 | 株式 |
|---|---|---|---|
| 金融の形態 | 間接金融 | 直接金融 | 直接金融 |
| 地位 | 債権者 | 債権者 | 株主 |
| 返済 | 必要 | 必要 | 不要 |
| 経営参加 | できない | できない | 議決権等の行使で参加 |

　上場企業では、借入れ・株式・社債の３つの資金調達方法は、どれも多く利用されています。他方、中小企業では、借入れによる資金調達の割合が比較的高いですが、ベンチャー企業・スタートアップ企業では、株式の発行による資金調達もよく見られます。

　会社法では、こうした資金調達の方法のうち、株式の発行、新株予約権の発行、社債についてルールを定めていますので、次項から順番に説明します。

# COLUMN

## ● 意味を注意すべき会社法の用語

　会社法の条文には、その意味が一般的な意味や使われ方とは必ずしも一致していない用語がいくつかあります。会社法の解説書の中には、そういう用語について、条文での言葉使いをそのまま使うものがあるため、誤解しないように注意する必要があります。そのうちのいくつかをみてみましょう。

　まず、会社法上の「通知する」という言葉は、それだけで使われる場合には、必ずしも「書面で」知らせることを意味しません。口頭で知らせる場合でも「通知する」といいます。書面で知らせる場合には、「書面で通知する」という形で、「書面で」という言葉が明記されていますので、注意しましょう。

　また、会社法上の「謄写」という言葉は、コピー機などで「コピーをする」という意味ではありません。「謄写」とは、対象となる書面などを「書き写す」という意味です。

　もう1つ、会社法では、会社の従業員のことを示す際、「従業員」という言葉は使われず、全て「使用人」という用語で規定されています。しかし、今時「使用人」という言葉を従業員の意味で使うことは日常生活ではありませんので、本書では、会社法の条文で「使用人」と規定されているものは、全て「従業員」と書き換えて説明しています。

# ② 新株はどのように 発行するのだろう

既存の株主に不利益にならないような手続が必要

## ●新株の発行は、既存の株主の利益を保護することが必要

　株式会社が株式を発行するのは、会社を設立する時と、会社が設立した後の2つのタイミングがあります。

　このうち、会社が設立した後に行う新株の発行（増資ともいいます）は、会社を設立する時とは違って、すでにその会社には株主がいますので、**そうした既存の株主の利益をできる限り損なわないようにする必要があります。**

## ●既存の株主の利益とは何か

　では、具体的に、新株の発行を行うと、既存の株主にはどのような不利益が生じるのでしょうか。

　まず1つ目に、新株発行を行うと、既存の株主には自らの**持株比率や議決権の比率が低下**する不利益が生じます。

　たとえば、発行済株式総数が100株の会社で50株を保有する株主は、持株比率や議決権比率は50％ですが、会社が新株の発行により他の株主にさらに100株を発行した場合には、その会社の発行済株式総数は200株になるので、50株を保有している株主の持株比率

## 持株比率や議決権の比率が低下する

※50株を持っている株主の場合

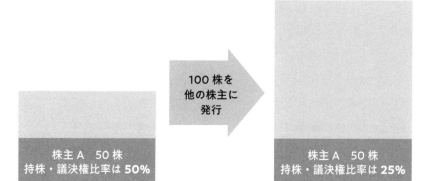

や議決権比率は、25％に低下してしまいます。

　2つ目に、新株発行を行うと、既存の株主は、**経済的に損失を被るおそれ**があります。

　たとえば、発行済株式総数が100株の会社で、その会社の1株の時価は1000円とします。この場合、会社の株式の時価総額は「100×1000＝10万円」ということになります。この会社が、会社が1株の払込金額を500円として、さらに100株を新株発行した場合には、この会社の株式の時価総額は、「100×1000＋100×500＝15万円」となり、1株あたりの株価（時価）は、理屈上は（実際の株式の価格はこのようにならない場合のほうが多いですが）、「15万円÷200株＝750円」となり、1株あたりの時価は、1000円から750

円に低下してしまいます。したがって、もとの株式の時価よりもあまり低すぎる価格で新株を発行すると、既存の株主の保有する株式の価値が低下し、経済的に損失を被るおそれがあるのです。

こうした持株比率・議決権比率の低下や経済的損失のことは、「希釈化」または「希薄化」とも呼ばれます。

したがって、新株の発行を行う場合には、既存の株主の「持株比率・議決権比率を維持する利益」と「経済的損失を被らない利益」という2つの利益に配慮する必要があり、会社法は、既存の株主のこの2つの利益を（完全にではありませんが、できる限り）保護するルールを設けています。

以下、非公開会社と公開会社とに分けて、新株の発行に必要な手続やルールを説明します。

なお、新株の発行は、❶株主割当て、❷第三者割当て、❸公募の3つの場合に分かれます。❶株主割当てとは、全ての株主にその持株割合に応じて（比例して）新株を発行する場合を、❷第三者割当てとは、新株を特定の者に発行する場合を、❸公募とは、新株を不特定多数の者に発行する場合を、それぞれいいます。

## ● 新株発行のルール〜非公開会社の場合

非公開会社が新株の発行をする場合には、原則として、新株の発行に関する事項（法律上は「募集事項」といいます）について、**株主総会の特別決議**が必要です。

これは、**非公開会社では通常、株主が会社の経営権を保つための持株比率・議決権比率の維持に強い関心を持っている**ことから、そ

## 新株発行で経済的に損失を被るおそれ

発行済株式総数：100 株
▶ **1株の時価＝ 1000 円**
▶ 時価総額は　100 × 1000 ＝ 10 万円

1株 500 円として
100 株を発行

発行済株式総数：200 株
▶ 時価総額は 100 × 1000 ＋ 100 × 500 ＝ 15 万円
▶ **1株あたりの時価は 15 万円 ÷ 200 株＝ 750 円に低下**

うした**既存の株主の持株比率・議決権比率を維持する利益を保護す**
**る**ためです。

　ただし、非公開会社でも、「株主割当て」の方法による新株の発行
の場合には、例外的に、定款で定めることにより、取締役会（取締
役会非設置会社では、取締役）が募集事項を決定することができます。
これは、株主割当ての方法であれば、既存株主の持株比率・議決権
比率は維持されるためです。

　他方、「株主割当て」以外の方法で新株発行をする場合には、この
例外は認められず、常に株主総会の特別決議を経る必要があります。

　なお、非公開会社の新株発行の場合、既存の株主のもう１つの利
益である「経済的損失を被らない利益」は、原則として株主総会の
特別決議を経ることで、配慮されていることになります。

## ● 新株発行のルール～公開会社の場合

これに対し、公開会社が新株の発行をする場合には、原則として、新株の発行に関する事項（募集事項）について、**取締役会の決議**で決定できます。これは、公開会社の場合には、非公開会社の場合とは異なり、既存の株主は、持株比率・議決権比率の維持にさほどの関心を持っていないと通常は考えられるからです。

ただし、公開会社の場合でも、「株主割当て」以外の方法で新株を「特に有利な払込金額」で発行する場合（これを**有利発行**といいます）には、既存の株主が希釈化で経済的損失を被るおそれがあるため、例外的に、**株主総会の特別決議**が必要です。

他方、公開会社で、「株主割当て」で新株を発行する場合には、有利発行をするときでも、株主の利益は害されないため、株主総会の特別決議は不要です。

## ● 支配株主の異動を伴う新株の発行～公開会社の場合

公開会社の新株の発行については、もう1つ特別なルールがあります。これは簡単にいうと、「**新株の発行によって会社の過半数の議決権を保有する大株主が登場する場合**には、原則として、取締役会決議では足りず、**株主総会の決議（普通決議）**が必要である」というルールです。このような場合は、会社の経営権の異動をもたらす新株発行ですので、既存株主の保護の観点からは、これは取締役会だけの判断には任せるべきでないという趣旨によるものです。

具体的には、新株の発行によってその新株の引受人の保有する議決権数が総株主の議決権数の過半数となる場合に、総株主の議決権の10分の1以上の既存株主がそうした新株発行に反対した場合に

## 新株発行のルール

**非公開会社の場合**

株主が会社の経営権を保つための
持株比率・議決権比率の維持に
強い関心がある

株主総会の
特別決議が必要

**公開会社の場合**

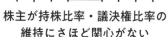

株主が持株比率・議決権比率の
維持にさほど関心がない

取締役会の決議で OK

※ただし、株主割当て以外の
方法で新株を「特に有利な払
込金額」で発行する場合は、
株主総会の特別決議が必要。

は、原則として、株主総会の普通決議による承認が必要となります。
ただし、例外的に、会社の財産の状況が著しく悪化している場合で
会社の事業の存続のため緊急の必要があるときは、株主総会の承認
は不要です。

# ③ 新株予約権とは どういう権利なのか

新株そのものではなく、新株の交付を受ける権利のこと

## ● 新株予約権とは

株式会社は、**株式（新株）そのものを発行するのではなく、新株の交付を受ける「権利」を発行する**こともできます。これを「**新株予約権**」といいます。

具体的には、その権利を保有する者（新株予約権者）が、あらかじめ定められた期間（権利行使期間）内にその権利を行使して、あらかじめ定められた価額（権利行使価額）を払い込むことで、会社から株式の交付を受ける権利のことです。

新株予約権者は、権利行使期間内に新株予約権を行使するかしないかを選択する権利（英語で**オプション**といいます）を持つのであり、新株予約権を行使する義務はありません。

## ● 新株予約権とはどういう権利か

具体例でみてみましょう。

ある人が、ある上場企業の新株予約権を1個持っていて、その新株予約権は、1個について1000円（権利行使価額）を払い込むことで、会社から株式1株の交付を受けることができるものである、という例を考えましょう。

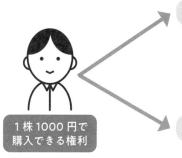

## 新株予約権の仕組み

**株価が1200円に上昇した場合は……**

新株予約権を行使して、1株1000円で購入し、そのまま株式市場で売却すれば、200円の利益を得られる。

1株1000円で購入できる権利

**株価が700円に下落した場合は……**

権利を行使しても損をしてしまう（1000円で購入して700円で売却）ので、通常は権利を行使しない。

　たとえば、権利行使期間内に、その上場企業の株価が1000円を超えて1200円になったとします。そのときに、その新株予約権を持っている人（新株予約権者）が権利行使をすれば、その人は、税金などを無視して単純に考えれば、「1200円−1000円＝200円」の利益を得ることができます。

　他方、権利行使期間内に、その上場企業の株価が一度も1000円を超えず、最高でも700円であった場合には、1000円を払い込んで株価700円の株式の交付を得ても300円損してしまうので、通常の人であれば、新株予約権の行使をしようとしないでしょう。

　このように、新株予約権は、**その行使によって得られる株式の時価が、あらかじめ定められた権利行使価額よりも高い場合には、権利者は利益を得られる**、という特徴を持った権利です。

## ● 新株予約権の利用形態

　新株予約権は、❶企業の資金調達の方法として使われるほか、❷会社の役員や従業員に対する**インセンティブ報酬**として使われる場合も多いです。これは「**ストック・オプション**」とも呼ばれます。

　新株予約権者は、権利行使期間内に会社の株価が上がれば上がるほど、権利を行使することで多額の利益を得ることができるので、会社が役員や従業員にストック・オプションを付与すれば、付与を受けた役員や従業員は、多額の利益を得るために、一生懸命仕事をして会社の業績を上げて株価を高めよう、という動機を与えることができます。これが、ストック・オプションがインセンティブ（日本語で「動機」）報酬と呼ばれる理由です。

　また、新株予約権はほかに、❸敵対的買収者が現れる場合にあらかじめ備えるための買収防衛策の手段としても利用されることがあります。

## ● 新株予約権の発行とその手続

　新株予約権の発行も、新株の発行と同様に、株主割当て、第三者割当て、公募の３つの発行方法があります。

　新株予約権の発行手続は、おおむね、新株の発行の場合と同様です。これは、新株予約権も、それが行使されることで株式が発行された場合には、新株の発行の場合と同じように、既存の株主に不利益をもたらすおそれがあるため、新株の発行と同様に、既存株主の利益を保護するための手続が必要になるからです。

　具体的には、非公開会社の場合には、新株予約権の発行には原則として株主総会の特別決議が必要です。

　他方、公開会社の場合には、新株予約権の発行は、原則として取

## ストック・オプション

一生懸命働いて、会社の株価を上げるぞ〜！

役員や従業員

新株予約権

新株予約権

新株予約権

新株予約権

株価が上がるほど、権利を行使すると
多額の利益を得られる

締役会の決議で足りますが、例外的に、株主割当て以外の発行でい
わゆる有利発行にあたる場合には、株主総会の特別決議が必要とな
ります。また、公開会社で支配権の異動を伴う新株予約権の発行を
する際には、一定以上の議決権を持つ株主から反対があった場合に
は、原則として株主総会の普通決議が必要です。株主割当ての場合
のルールも、新株の発行の場合と基本的に同様です。

# 社債・新株予約権付社債
# とは何だろう

社債は会社に対する債権である

## ●社債とは

　株式会社の資金調達の手段には、**社債の発行**という方法もあります。社債とは、会社法の定めに基づき、会社によってその発生と償還（元本の返済）が行われる、その会社を債務者とする金銭債権のことです。

　社債は、「会社」であれば発行可能です。したがって、株式会社に限らず、特例有限会社や持分会社も、社債を発行することができます。

　社債は、**不特定多数の投資家から多額の資金を長期にわたって借入れることができる資金調達手段**として、規模の大きな上場企業では比較的よく利用されています。

## ●社債と株式の違い

　前述のとおり、社債とは、あくまでも**会社に対する債権（金銭債権）**に過ぎないので、会社の経営に参加する権利はありませんし、株式のように、株主総会で議決権を持つわけでもありません。

　他方で、会社は、株式については、最初に株主から出資してもらった金額を、その後株主に払い戻す義務はありません（そもそも、払い戻しは原則として禁止です）が、社債は債権である以上、償還（返

## 社債と株式の違い

| | 社債 | 株式 |
|---|---|---|
| 立場 | 会社の債権者 | 株主 |
| 会社からの支払い | 定期的に利息が支払われる | 分配可能額がある場合に剰余金の配当がある |
| 会社からの資金の返還 | 元本＋利息 | 返還不要（原則禁止） |
| 株主総会への参加（経営への参加） | 不可 | 可 |

済）の期限が来たら、会社は社債を持つ者（社債権者といいます）に対して必ず償還（返済）しなければなりません。

　また、株式は、分配可能額があって、会社が配当することを決定した場合にのみ、剰余金の配当がなされますが、社債は、通常は、定期的に一定額の利息が支払われることになります（定期的な利息の支払いのない社債もあります）。

　以上のように、社債と株式は、会社にとって資金調達の手段としては共通しますが、その性質は大きく異なります。

## ●社債に関する特別なルール

　社債は、会社に対する金銭債権という意味では、たとえば銀行からの借入れなどと同じです。

　しかし、社債は、一般の金銭の借入れとは異なり、不特定多数の、個人を含む投資家から資金を調達するうえ、その調達の期間（すなわち、会社と社債権者が債権債務関係にある期間）は長期にわたる

ことが多いという特徴を持ちます。したがって、多数の社債を集団的に処理するためのルールや、社債権者の保護を図るためのルールが必要ですし、社債権者同士の利害の調整を図るための制度も必要になります。こうしたことから、会社法は、社債に関して特別なルールを設けているのです。

具体的には、❶社債の発行会社から委託を受けて、社債権者のために、弁済の受領や債権の保全などの社債の管理を行う者として、**社債管理者**の制度が設けられています。

さらに、❷社債権者の間の利害に関係する事項などの一定の事項について、社債権者の意思を多数決などで決定するために組織される**社債権者集会**という制度も設けられています。

なお、社債を発行するには、取締役会設置会社では、取締役会の決議で決定する必要があります。

## ●新株予約権付社債とは

新株予約権が付された社債のことを、「**新株予約権付社債**」といいます。

新株予約権付社債の保有者は、社債の保有者として満期には償還を受けるという安定した地位を持つ一方で、会社の業績が上がり株式の価値が上昇した場合には新株予約権を行使して株主になる、というメリットを受けることができます。

このように、社債の堅実性と株式の投機性との両方を持つことから、**新株予約権付社債は普通の社債よりも低い利率で発行することができる**というメリットがあります。

　新株予約権付社債は、上場企業のほか、最近ではスタートアップ企業の資金調達にもよく利用されています。

　なお、日本で発行される新株予約権付社債のほとんどは、**転換社債型新株予約権付社債**と呼ばれるタイプのものです。

　これは、新株予約権を行使するときに、金銭の払込みに代えて、社債を出資（現物出資）しなければならず、これによって社債が消滅し株式の交付を受けるタイプの新株予約権付社債のことです。このタイプの新株予約権付社債は「CB」（シービー。Convertible Bond の略）とも呼ばれます。

　新株予約権付社債の発行の手続については、会社法における社債の規定ではなく、新株予約権の規定が適用されます。したがって、新株予約権付社債の発行の際は、公開会社であれば、原則は取締役会決議で、非公開会社であれば、株主総会の特別決議で、それぞれ発行内容が決定されることになります。

**Mini COLUMN**

　令和元年会社法改正（2021 年3月1日施行）では、会社が、社債権者のために、社債権者による社債の管理の補助を行うことを第三者に委託する制度として「社債管理補助者制度」が新設されるなど、社債に関していくつかの改正が行われました。

# M&A、組織再編の
# ポイントをおさえよう

# ①
# 企業の買収（M＆A）・
# 再編の方法とは

企業買収・再編には、事業を承継する方法と
株式を取得する方法の２つがある

## ● 企業の買収・再編とは

　会社は、事業活動を続けていく中で、ずっとそのままの姿でいつづけるとは限りません。

　会社は、さまざまな理由により、そのままの姿でいるのではなく、他の会社を買収したり他の企業と統合したりすることで、事業の規模を一気に拡大して、自ら単独で成長するよりも迅速に市場での地位を高めようとすることがあります。逆に、事業の一部や子会社を他の企業に売却・譲渡などすることで、社内で手掛ける事業をコアな事業に集中させたり不採算事業を整理して競争力を維持しようとしたりすることもあります。

　また、こうした買収・統合や、事業の売却・譲渡等は、自社とは関係のない第三者との間で行うこともあれば、企業グループに属する会社間において、グループの整理・再編のために行われることもあります。

　一般的に、こうした行為は、企業の**買収（M&A）・再編（組織再編）**と呼ばれます。買収や再編という言葉は法律用語ではないので、厳密な定義があるわけではありません。

## ● 企業の買収・再編の方法とは

　企業の買収にはさまざまな方法がありますが、大きく分けると、買収する者（買収者）が、買収の対象となる会社（「対象会社」といいます）の**事業を承継**する場合（すなわち対象会社の事業を直接買収する場合）と、買収者が対象会社の**株式を取得**する場合の2つのパターンに分かれます。

　まず、買収者が対象会社の事業を承継する方法には、具体的には、❶合併、❷吸収分割、❸事業の譲受けなどがあります。

　また、買収者が対象会社の株式を取得する方法には、具体的には、買収者が❶対象会社の株主から**株式を譲り受ける**方法（上場企業等の場合には、**公開買付け**による場合を含みます）、❷対象会社から**新株の発行等**を受ける方法、❸買収者を完全親会社、対象会社を完全子会社とする**株式交換**を行う方法、❹**キャッシュ・アウト**の方法、などがあります。

　次に、会社の**再編**についてもさまざまな方法が使われ、会社の買収の方法として利用される方法が再編の場合にも多く使われます（たとえば、会社分割、事業譲渡・譲受け、株式の譲受けなど）。また、新設合併、株式移転などの方法でグループ内に新会社を設ける方法も用いられます。

　ここで出てきた、会社の買収や再編に関する具体的な方法については、次項以降で詳しく説明します。

# 合併、会社分割、株式交換・株式移転・株式交付とは何だろう

株式交付は令和元年（2019 年）会社法改正で
新設された制度

## ● 合併とは

合併とは、2つ以上の会社が1つの会社に合体することをいいます。2つ以上の会社は、契約（合併契約）を締結し、会社法で定められた一定の手続を経ることで、1つの会社に合併することができます。

合併には、「**吸収合併**」と「**新設合併**」の2種類があります。**吸収合併**とは、合併をする2つ以上の会社のうちの1社が存続し、合併により消滅する他の会社の権利義務の一切を承継するものです。また、**新設合併**は、合併をする2つ以上の会社の全てが合併により消滅し、その権利義務の一切は、合併により新しく設立する会社が承継するものです。実務上は、吸収合併のほうが多く利用されています。

## ● 合併の効果

合併によって、存続会社（吸収合併の場合）または新設会社（新設合併の場合）は、消滅会社の権利義務の一切を包括的に承継します（**包括承継**）。消滅会社の権利義務は、一括して包括的に移転しますので、**個々の権利義務について、個別に移転手続（契約の相手方の同意を個別に得るなどの手続）を取ることは必要ありません。**

## 吸収合併と新設合併

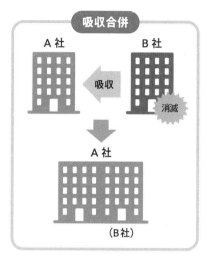

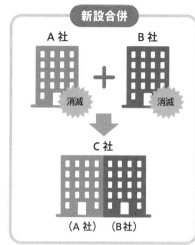

　消滅会社は、合併により解散し、清算手続を経ることなく、解散と同時に消滅します。

　また、合併により、消滅会社の株主だった者には、存続会社や新設会社の株式が交付されるのが通常ですので、それらの者は、合併後は、存続会社や新設会社の株主になります。

## ●会社分割とは

　会社分割とは、ある会社が、その事業に関して有する権利義務の全部または一部を、他の会社に承継させることをいいます。

　会社分割も、合併の場合と同様に、「**吸収分割**」と「**新設分割**」の２種類があります。**吸収分割**は、分割するほうの会社（分割会社）が、その事業に関して有する権利義務を既存の会社（承継会社）に承継させることをいい、**新設分割**は、分割会社が、その事業に関して有

する権利義務を、会社分割により新しく設立した会社（新設会社）に承継させることをいいます。

## ● 会社分割の効果

　吸収分割の場合には、分割会社と承継会社との間で吸収分割契約が締結され、また、新設分割の場合には、新設分割計画が作成されます。そして、分割会社の事業に関して有する権利義務のうちどの部分が承継されるかは、吸収分割契約や新設分割計画で定められ、その定めに従って承継されます。

　分割の対象となる権利義務は、個別の権利義務の移転行為なくして、承継会社または新設会社に包括的に承継されます（**包括承継**）。すなわち、**権利義務の承継に、債権者や契約の相手方の承諾は不要**です。

　承継会社や新設会社は、分割会社から権利義務の承継を受けたことの対価（株式など）を、分割会社に対して交付します。株式の交付を受けた場合には、会社分割によって、分割会社は、承継会社または新設会社の株主となります。

## ● 株式交換・株式移転・株式交付とは

「**株式交換**」とは、ある株式会社（B社）がその発行済株式の全部を他の会社（A社）に取得させることで、その会社（B社）が他の会社（A社）の完全子会社になることをいいます。

　なお、ある株式会社（A社）が他の株式会社（B社）の株式を100％保有する場合、A社はB社の**完全親会社**、B社はA社の**完全子会社**といいます。完全子会社は、100％子会社ともいいます。

　また、「**株式移転**」とは、1つまたは2つ以上の株式会社（B社ま

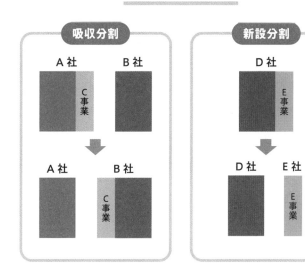

## 吸収分割と新設分割

**吸収分割**

A社　　　B社

C事業

↓

A社　　　B社

C事業

**新設分割**

D社

E事業

↓

D社　　　E社

E事業

たはC社）が、その発行済株式の全部を新しく設立した株式会社（A社）に取得させることで、それらの会社（B社またはC社）が、他の会社（A社）の完全子会社になることをいいます。株式移転は、**持株会社**（他の会社の株式を保有することでその会社を支配し、収益を上げる会社）を作るために利用されることも多いです。

　なお、株式移転のうち、2つ以上の株式会社（B社またはC社）が完全子会社となるものは、**共同株式移転**と呼ばれます。

　株式交換・株式移転とも、**既存の株式会社を別の会社の完全子会社とする行為**である点では同じです。両者の違いは、株式交換は、完全親会社となる会社が既存の会社であるのに対し、株式移転は、完全親会社となる会社が新設された（株式移転によって新たに作られた）会社である、という点です。

「株式交付」とは、株式会社（A社）が、他の株式会社（B社）を自らの子会社とするために、他の株式会社（B社）の株主からB社の株式を譲り受け、B社の株式の譲渡人に対して、B社の株式の譲受けの対価として、A社の株式を交付することをいいます。

株式交換・株式移転は、完全（100%）親子会社の関係を作り出すための行為であるのに対し、株式交付は、完全親子会社関係ではなく、**（100%ではない）親会社・子会社の関係を作り出すための行為**である点が、株式交換・株式移転とは異なります。

株式交付は、令和元年（2019年）会社法改正で新設された制度です（2021年3月1日施行）。

## ● 株式交換・株式移転・株式交付の効果

株式交換の場合には、当事会社の間で株式交換契約が締結され、また、株式移転・株式交付の場合には、株式移転計画・株式交付計画が作成されます。

株式交換・株式移転の結果、完全親子会社関係ができあがります。完全子会社の株主だった者は、株式交換・株式移転によって、株式交換・株式移転の対価として、株式や金銭の交付を受けますが、株式の交付を受けた場合には、完全親会社の株主となります。

また、株式交付の結果、親会社は、子会社の株式を譲り受け、子会社の株式の譲渡人は、親会社の株式などの対価を親会社から取得します。その結果、親子会社関係ができあがります。

株式交換・株式移転・株式交付とも、既存の会社は消滅せず、会社の法人格はそのまま維持されます。また、各会社の財産も（親会社が、子会社の株式などを取得することで、子会社の株式などの資産が増えることを除き）変動はありません。

## 株式交換、株式移転、株式交付のイメージ

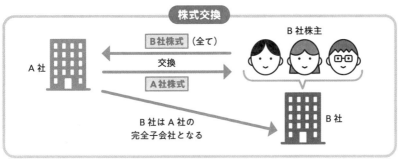

**株式交換**

B社株主

B社株式（全て）

交換

A社株式

A社

B社はA社の
完全子会社となる

B社

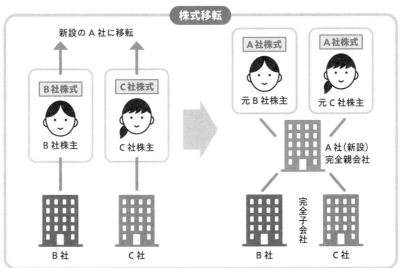

**株式移転**

新設のA社に移転

B社株式

C社株式

B社株主

C社株主

B社

C社

A社株式

A社株式

元B社株主

元C社株主

A社（新設）
完全親会社

完全子会社

B社

C社

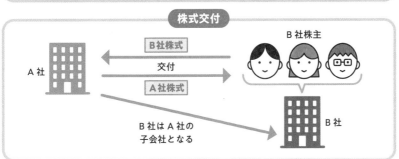

**株式交付**

B社株主

B社株式

交付

A社株式

A社

B社はA社の
子会社となる

B社

# 合併、会社分割、株式交換・株式
# 移転・株式交付の手続を知ろう

会社の基礎的・重大な変更なので、
原則として株主総会の特別決議が必要

## ●合併、会社分割、株式交換・株式移転・株式交付の手続

　これまで説明した合併、会社分割、株式交換・株式移転・株式交付（以下、ここでは「組織再編」と総称します）が効力を生じるためには、会社法で定められた一定の手続を行うことが必要です。その手続は、それぞれの組織再編で共通している部分が多いため、ここでまとめて説明します。

　それぞれの組織再編を行うためには、それぞれの当事会社（株式交付の場合には、親会社となる会社）は、おおむね、次の手続を順番に行うことが原則として必要です。

❶組織再編契約または計画の作成（合併契約、吸収分割契約、新設分割計画、株式交換契約、株式移転計画、株式交付計画）

❷組織再編契約・計画等の組織再編に関する情報の本店への備置（事前開示）

❸株主総会の特別決議による承認

❹会社債権者の異議手続

❺組織再編の効力発生、登記

❻組織再編に関する情報の本店への備置（事後開示。効力
　発生日から６カ月間）

　これらの組織再編は、会社の基礎的で重大な変更であり、株主へ
の影響が大きいことから、株主の意思をしっかりと確認する必要が
あります。このため、後述する簡易手続・略式手続の場合を除き、
原則として、❸の**株主総会の特別決議**が必要です。株主総会の特別
決議が必要であるという点が、これらの組織再編の手続に関して、
最も重要なポイントとなります。

　なお、組織再編に反対する株主のうち一定の要件を満たした者は、
会社に対して、自らの株式を買い取ることを請求することができま
す（反対株式の買取請求権）。

　❹の**会社債権者の異議手続**ですが、各組織再編の間で、どのよう
な債権者に異議を述べることを認めるかの範囲が大きく異なってい
ます。ここでは詳細は割愛しますが、個別に確認することが必要です。

　株式交付の場合には、他の組織再編とは異なり、親会社となる会
社は、❶〜❻の他に、子会社の株主から子会社の株式を親会社に譲
渡し、その対価として親会社の株式を交付するための各種の手続を
行うことが必要となります。また、株式交付の場合には、手続を行
う必要があるのは親会社となる会社だけであり、子会社となる会社
は、とるべき手続は会社法上はありません。

## ●簡易組織再編・略式組織再編（簡易手続・略式手続）とは

　組織再編のうち、一定の場合には、**株主総会の決議が不要な場合**が2つあります。

　まず、吸収合併の存続会社、吸収分割の存続会社、株式交換の完全親会社、または株式交付の親会社が交付する対価の帳簿価額（対価が株式の場合には、1株あたりの純資産額に株式数を乗じた額）が、その存続会社等の純資産額の20%以下の場合には、存続会社等にとって会社の基礎的変更とまではいえず、株主に対する影響は大きいとはいえないため、一部の例外を除き、それらの会社では株主総会決議は不要です。これを**簡易組織再編（簡易合併・簡易分割・簡易株式交換・簡易株式交付）**といいます。簡易手続と呼ばれることもあります。

　ただし、株主総会の決議が不要であるとしても、通常は、取締役会の決議が必要になる場合がほとんどと思われます。

　次に、吸収合併、吸収分割、株式交換をする場合で、一方の当事会社が、自らまたは完全子会社などを通じて、他方の当事会社の議決権の90%以上を保有している場合（この場合の前者の会社を**特別支配会社**といいます）には、株主総会の決議の結果は明らかなため、株主総会をあえて開催する意味に乏しいことから、一部の例外を除き、当該他方の当事会社（議決権の90%以上を保有されている側の会社）の株主総会決議は不要とされています。これを**略式組織再編（略式合併・略式分割・略式株式交換）**といいます。略式手続と呼ばれることもあります。

　ただし、株主総会の決議が不要であるとしても、こちらも通常は、

## 簡易組織再編、略式組織再編

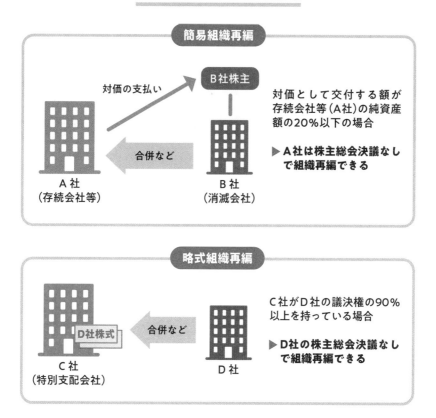

取締役会の決議が必要になる場合がほとんどと思われます。

# 事業の譲渡・譲受け、子会社株式の譲渡のルールとは

事業の譲渡・譲受けは、通常の取引行為と変わらない

## ● 事業の譲渡・譲受けとは

　企業の買収・再編は、事業を他の第三者に譲渡したり、または事業を他の第三者から譲り受けたりすることでも、行うことができます。

　たとえば、食品事業と飲料事業の両方を展開している会社があったとします。この会社の飲料事業が、他社との競争が激しくなり、収益を上げにくくなったため、会社は、飲料事業を、飲料を専門に手掛ける他の会社に買収してもらおう、と考えました。この場合に飲料事業という事業そのものをまるごと譲渡できるのが、ここで説明する「事業の譲渡」（相手方からみれば「事業の譲受け」）という手法です。

　ここでいう「事業」とは、「一定の事業目的のために組織化され、有機的一体として機能する財産」のことをいいます。すなわち、個々の財産・資産や権利義務ではなく、ノウハウや得意先関係などを含めた、一体としての財産を指すものです。

## 合併・会社分割と事業譲渡・譲受けの違い

**合併・会社分割**　会社法上の特殊な行為であり、権利義務関係が包括的に継承され、個々の権利義務の承継に際し、相手方の承諾を個別に得ることは不要。

**事業譲渡・譲受け**　通常の取引行為と変わらず、買う側はどの部分を買うか（資産、負債、得意先、顧客…など）を選べる。また、個別に債権者などの承諾を得なければならない。

## ●事業の譲渡・譲受けの特徴

　合併・会社分割などは、権利義務関係が包括的に承継される効果（包括承継）をもたらす、会社法上の特殊な行為であるとされ、個々の権利義務の承継に際し、移転手続（相手方の同意・承諾を個別に得る行為など）は不要です。

　これに対し、事業の譲渡や譲受けは、多数の権利義務関係を、事業というくくりで一括して（まとめて）譲渡・譲受けをしているに過ぎず（包括承継ではありません）、**その実質は、売買など、通常の取引行為と変わりません。**したがって、事業の譲渡の際に、そこに含まれる債権債務や契約関係を譲渡するには、**個別に債務者や契約の相手方の同意・承諾を得る必要があります。**

　このように、事業譲渡・譲受けは、合併や会社分割とは法的な性質に根本的な違いがあるため、事業の譲渡・譲受けに必要な手続は、すでに述べた合併・会社分割に必要な手続とは、株主総会の特別決議による承認が原則として必要なこと以外は、大きく異なります。たとえば、合併・会社分割・株式交換などの場合に必要な、必要書

面の備置き（事前開示）は、事業の譲渡・譲受けの場合には不要ですし、債権者保護手続も不要です。

## ●事業の譲渡・譲受けに必要な手続

　譲り渡す側の会社（譲渡会社）については、**事業の「全部」、または事業の「重要な一部」を他に譲渡する場合**には、それはその会社の株主に重大な影響を及ぼすことから、**株主総会の特別決議**が原則として必要です。

　また、譲り受ける側の会社（譲受会社）については、**他の第三者の事業の「全部」を譲り受ける場合**に限り、**株主総会の特別決議**が原則として必要になります。

　また、事業の全部または重要な一部の譲渡、および事業の全部の譲受けをする場合には、反対する株主は、原則として、会社に対して自らの株式を買い取るよう請求（反対株主の株式買取請求）できます。

## ●簡易事業譲渡・譲受け、略式事業譲渡・譲受け

　ただし、合併、会社分割などの場合に認められる簡易組織再編・略式組織再編と同様に、事業の譲渡・譲受けについても、簡易手続・略式手続が認められています。

　すなわち、事業の一部譲渡や事業の譲受けのうち一定の規模より小さいものについては、株主に与える影響は少ないため、原則として、株主総会決議は不要です（**簡易事業譲渡、簡易事業譲受け**）。また、事業譲渡・譲受けの場合にも、譲渡会社と譲受会社の関係が「特別支配会社」の関係であるため、株主総会の開催は不要となる場合があります（**略式事業譲渡、略式事業譲受け**）。

## 事業の譲渡・譲受けに必要な手続

**譲渡会社**（譲り渡す側の会社）　事業の「全部」または「重要な一部」を譲渡する場合、株主総会の特別決議が必要

**譲受会社**（譲り受ける側の会社）　他の第三者の事業の「全部」を譲り受ける場合、株主総会の特別決議が必要
※「重要な一部」を譲り受ける場合は必要なし。

▶ いずれの場合も、原則として、反対する株主には株式買取請求が認められる

## ● 子会社の株式の譲渡

　買収・再編の手法の１つに、株式の譲渡というものがあります。株式の譲渡については、会社法上は、原則として、通常は取締役会の決議を経れば足り、株主総会の決議は不要です。

　ただし、ある会社（A社）が、子会社の株式のうち一定以上の規模のものを譲渡する結果、その子会社がもはや子会社でなくなる（親子会社関係でなくなる）ような場合には、会社（A社）の株主に与える影響も大きいため、自らの会社（A社）の株主の保護のため、例外的に、会社（A社）の**株主総会の特別決議**が必要です。

　具体的には、株式会社が子会社の株式の全部または一部を譲渡する場合で、❶譲渡する株式の帳簿価額が会社の総資産額の20％を超え、かつ、❷その譲渡の結果、その会社が保有する子会社の議決権が過半数を下回るときには、そうした子会社の株式の譲渡は、株主総会の特別決議による承認が必要になります。

# 公開買付けとは何だろう

上場会社の株式を買収する手法の１つで、二段階買収の
第一段階の買収方法としても利用される

## ● 公開買付けは株式取得方法の１つ

買収・再編の方法の１つとして、買収者が買収の対象となる会社（対象会社）の株式を取得する方法があります。この場合、対象会社の全部の株式を取得しなくても、対象会社を支配するに足りるだけの数の株式を取得することで、買収を実現することもできます。

株式を取得する方法には245ページで説明したとおり、さまざまなものがありますが、ここでは「公開買付け」について説明します。

## ● 公開買付けとは

株式を取得する方法のうち、上場会社の株式を取得する場合には、**公開買付け**の方法によることが比較的多いです。公開買付けは英語で「TOB（takeover bid）」「tender-offer bid」といい、日本でも、公開買付けのことを「**TOB**」（ティーオービー）と呼ぶことがあります。

公開買付けとは、買収者（公開買付者）が、対象会社の不特定多数の株主に対して、買付価格などの買付条件を示したうえで、持っている株式を売ってもらうよう公告をして勧誘し、それに応じた株主から株式を買い付けることをいいます。

## 公開買付け（TOB ＝ takeover bid）のイメージ

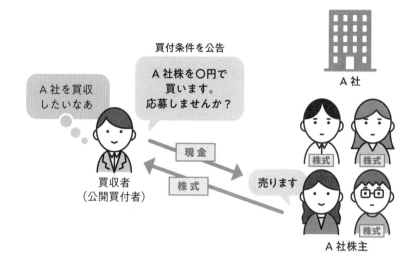

簡単にいうと、公開買付けとは、対象会社を買収しようとする者が、その会社の株主に対して「お持ちの株式をこの値段で買いますので、応募しませんか」という文書を公表し、その公表内容を見た対象会社の株主で株式の売却を希望する者が、買収者（の代理人）に対し、「私が持つ株式を売ります」と応募し、株式を買収者に売却する手続です。

上場企業の株式は、証券市場において売買することもできますが、公開買付けは、**証券市場の外で行われる買付行為**です。公開買付けは、短期間に大量の株式を必要なだけ取得できる、いう便利さがあるため、上場企業の買収方法の１つとして、広く活用されています。

なお、公開買付けは会社法ではなく、金融商品取引法に規定されている制度です。

## ● 公開買付けが強制される場合（強制的公開買付け）

　金融商品取引法上、公開買付けが強制される場合はいくつかありますが、そのうち最も重要なものは、「**有価証券報告書の提出義務がある会社（上場企業は全て含まれる）の株式を、証券市場の外で買い付ける場合で、買付後の買付者の株式の所有割合が３分の１を超える場合には、公開買付けをしなければならない**」というルールです。

　買付けの結果、買収者が持つ対象会社の株式の保有割合が３分の１を超える場合には、その買収者は、会社の株主総会で特別決議が必要な議案を否決できるため、対象会社の他の一般株主の中には、「買収者が大株主として今後この会社の経営を支配するのであれば、この会社の株式はもう持っていたくない。だったらこの機会に、株式は買収者に売りたい」と考える者がたくさんいるかもしれません。

　この場合、一般株主のうちの一部の者の希望だけを優先すると不公平になるので、**対象会社の他の一般株主に対し、買付者に対して株式を売却する機会を平等に与えるために**、公開買付けが強制されているのです。

## ● 公開買付けの手続

　公開買付者はまず、買付けの目的、買付価格、買付予定株式数、買付期間（後述）などについて、新聞や電子公告で公告（公開買付開始公告）し、続けて、公開買付届出書を内閣総理大臣（財務局）に提出し、公開買付けについての情報開示を行います。この場合、応募株主を平等に扱うため、買付価格は株主ごとに均一でなければなりません。

　また、対象会社は、公告後一定の期間内に、公開買付者による公開買付けに対して賛成か、反対かなどの意見を記載した意見表明報

## 公開買付けの流れ

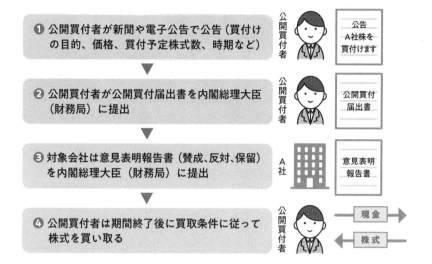

❶ 公開買付者が新聞や電子公告で公告（買付けの目的、価格、買付予定株式数、時期など）

公開買付者

公告
A社株を
買付けます

❷ 公開買付者が公開買付届出書を内閣総理大臣（財務局）に提出

公開買付者

公開買付
届出書

❸ 対象会社は意見表明報告書（賛成、反対、保留）を内閣総理大臣（財務局）に提出

A社

意見表明
報告書

❹ 公開買付者は期間終了後に買取条件に従って株式を買い取る

公開買付者

現金
株式

告書を、内閣総理大臣（財務局）に提出しなければなりません。

　公開買付けによる株式の買付けは、原則として、20日以上60日以内に行わなければなりません。これを買付期間といいます。公告を見て公開買付けがされることを知った株主は、この買付期間内に、公開買付けに応募するかどうかを検討します。そして、公開買付けに応募することにした株主は、公開買付者には通常は公開買付代理人（証券会社）がいますので、公開買付代理人に対し、応募の申込みをします。

　公開買付者は、公開買付けの期間が終了したら、公開買付開始公告で定めた買付条件に従い、公開買付けに応募した株主から株式を買い取ることになります。

# キャッシュ・アウトとは
# 何だろう

二段階買収の第二段階の買収方法であり、
株主に金銭等を払って、強制的に株主でなくす手法

## ● 二段階買収とキャッシュ・アウト

　買収の方法のうち、上場会社の株式を全て取得しようとする場合には、いわゆる**「二段階買収」**という方法が採られることが多いです。「二段階買収」とは厳密にはさまざまな方法がありますが、現在最もポピュラーな手法は、第一段階として、**「公開買付け」**の方法で対象会社の株式を可能な限り多く取得した後、第二段階として、公開買付けに応じなかった残りの株式を、**「特別支配株主の株式等売渡請求」**または**「株式の併合」**の手続によって取得するものです。

　第二段階の手続は、取締役会の決議や株主総会の特別決議で承認を受ければ、その株式を保有する株主が仮にその手続に反対していても行うことができ、その結果、そうした株主は、対価として現金（キャッシュ）が支払われて株主という地位を強制的に失う（アウト）ため、**「キャッシュ・アウト」**と呼ばれるわけです。「スクイーズ・アウト」「少数株主の締め出し」という言い方がされることもあります。

　上場企業には多数の株主がいるため、全ての株主から株式の売却について個別に同意を得ることは現実的には不可能です。そういう

## 二段階買収の第二段階のキャッシュ・アウトの手法

公開買付けの結果、買収者が議決権の90％以上を取得した場合
▶ **特別支配株主の株式等売渡請求**

株式を強制的に取得

特別支配株主

少数株主

対象会社の
取締役会決議で承認
（株主総会の決議は不要）

公開買付けの結果、買収者が議決権の90％未満を取得した場合
▶ **株式の併合**

株式の併合で
株式を1株未満に

対象会社の
株主総会の
特別決議が必要

少数株主

▶ 1株未満になるため、金銭の支
払いを受け、株主の地位を失う

特徴のある上場企業を買収する際に、キャッシュ・アウトの手法を
使えば、買収者が、**株主から株式の売却について個別に同意を得る
ことなく、対象会社である上場企業の全ての株式を取得することが
できます。**買収者にとっては、これがキャッシュ・アウトという手
続を行う大きなメリットです。

## ●キャッシュ・アウトの手法

　二段階買収の第二段階であるキャッシュ・アウトの手続は、実務上は、公開買付けの結果、買収者（買収者の子会社等による間接的な保有も含みます）が保有する対象会社の株式数が、❶対象会社の総株主の議決権の90％以上である場合には「特別支配株主の株式等売渡請求」の方法が、❷対象会社の総株主の議決権の90％未満である場合には「株式の併合」の方法が、採られることが通常です。

## ●特別支配株主の株式等売渡請求

　株式会社（対象会社）の総株主の議決権の90％以上を保有する（買収者の子会社等による間接的な保有も含みます）者（特別支配株主）は、対象会社の他の株主に対し、その保有株式の全部の売渡しを請求することができます。また、特別支配株主は、株式のほかに新株予約権の売渡しを請求することもできます。これを、**特別支配株主の株式等売渡請求**といいます。

　この請求をすることにより、特別支配株主は、一定の日に、売渡し請求をした株式を（株主が売渡しに反対していても）**強制的に取得**し、同じ日に、株主には、株式取得の対価である金銭を支払い、株主の地位を失わせることができます。新株予約権についても同様です。

　特別支配株主の株式等売渡請求は、対象会社の**取締役会の決議**でそうした請求を承認することが必要となります。対象会社において**株主総会の決議は不要**です。特別支配株主が対象会社の総株主の議決権の90％を保有している以上、株主総会を開催しても結論は賛成多数で可決されることが明らかなためです。

# 特別支配株主の株式等売渡請求、株式の併合

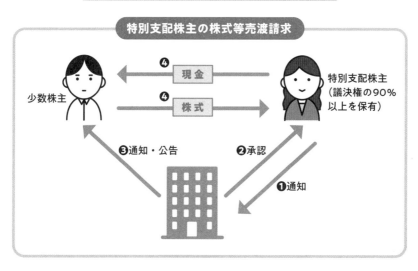

**特別支配株主の株式等売渡請求**

少数株主

❹ 現金

❹ 株式

特別支配株主
（議決権の90%
以上を保有）

❸通知・公告

❷承認

❶通知

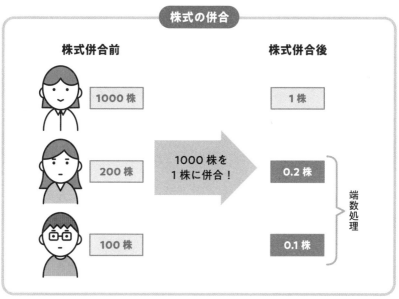

**株式の併合**

株式併合前

株式併合後

1000 株

1 株

200 株

0.2 株

100 株

0.1 株

1000 株を
1 株に併合！

端数処理

## ●キャッシュ・アウトの手段としての株式の併合

　74ページで説明した株式の併合は、キャッシュ・アウトの手段としても利用することができます。二段階買収の第一段階の公開買付けの結果、買収者が保有する対象会社の株式数が、対象会社の総株主の議決権の90％に満たなかった場合には、特別支配株主の株式等売渡請求はその要件を満たさず利用できないので、その場合には、第二段階の手法として、株式の併合という手段が利用されることが通常です。

　株式の併合をキャッシュ・アウトの手段としてどのように利用するかというと、まず**併合の割合を調整して、買収者以外の全株主は1株未満の株式しか保有しない株式併合を行います**。その後、会社法で定められた端数処理という手続により、1株未満の株式を保有する株主（買収者以外の全株主）の株式は全て買収者に売却され、それらの株主には売却代金が交付され、キャッシュ・アウトが達成されることになります。

　株式の併合は、74ページで説明したとおり、**株主総会の特別決議**が必要です。

# 会社が消滅する場合を
# おさえよう

❶ 会社の解散・清算とは何だろう
❷ 会社の倒産の種類と特徴をおさえよう

# 会社の解散・清算とは何だろう

会社を解散した後は、原則として、会社をたたむための
後始末である清算の手続をすることが必要

## ● 会社の解散とは

　人間の人生に、始まりと終わりがあるのと同じように、会社にも、始まりと終わりがあります。会社の場合、始まりは「設立」ですが、終わりは「解散」「清算」という手続です。まず、解散からみていきましょう。

　**解散**とは、株式会社の法人格の消滅を生じさせる原因となる事実のことをいいます。しかし、株式会社は、一部の場合（後述します）を除いて、解散によってただちに法人格が消滅するのではなく、**解散の後は清算の手続に入り、清算が完了（法律上は「結了」といいます）することで、法人格が消滅します。**

## ● 株式会社の解散の事由にはどのようなものがあるか

　株式会社は、次の事由によって解散します。

❶定款で定めた存続期間の満了
❷定款で定めた解散の事由の発生

❸株主総会の決議

❹合併（合併によって消滅する会社の場合）

❺破産手続開始の決定

❻解散命令・解散判決

❼休眠会社のみなし解散

　このうち、「❸株主総会の決議」は、解散という行為の重大性から、普通決議ではなく**特別決議**が必要です。「❹合併」は、清算手続には移らず、解散と同時に法人格は消滅します。また、「❺破産手続開始の決定」は、解散の後は、清算手続ではなく破産手続という特別の手続に移り、破産手続の終了によって、法人格が消滅します。「❻解散命令・解散判決」は、一定の場合に、裁判所が下すものです。「❼休眠会社のみなし解散」は、12年間1度も登記をしていない会社（休眠会社）に対し、事業を廃止していないことの届出をするように官報で公告し、また登記所から通知した後、公告後2カ月以内に届出や何らかの登記をしなかった場合には、その休眠会社は解散したものとみなすという制度です。

## ●会社の清算とは

　株式会社が解散すると、合併と破産の場合を除き、その会社は清算の手続に移行します。

　**清算**とは、解散した会社の法律関係の後始末をする手続のことです。会社をたたむための手続ともいえます。

　具体的には、清算の手続では、❶会社の財産状況の調査、❷現在の業務の終了、❸債権の取り立て、債務の弁済、❹株主に対する残

余財産の分配、などが行われます。

　簡単にいうと、清算は会社をたたむための手続なので、会社の財産状況を調査し、業務や取引関係を全て終了させ、まだ取り立てていなかった債権は回収し、まだ支払っていなかった債務は弁済し、そうした債権回収、債務の弁済の結果、残った現金などの会社財産を、株主に分配して清算手続は終了し、法人格が消滅する、ということです。

　清算手続に入った後は、取締役はその地位を失い、**清算人**がそれに代わって業務を行います。取締役がそのまま清算人に就任するのが原則ですが、他の者を清算人とすることもできます。清算手続中は、会社はもはや営業行為を行うことはできませんので、清算人の職務も清算事務に限られます。

　清算人が清算事務を全て終了したときには、決算報告を作成し、株主総会の承認を受ける必要があります。その結果、その会社の清算手続は完了（結了）し、会社の法人格は消滅します。清算結了の事実は、登記をしなければなりません。

　以上で述べた手続は、**通常清算**と呼ばれる手続です。清算には実はもう１つ、**特別清算**と呼ばれる手続がありますが、それは次項で説明します。

## 解散、清算の流れ

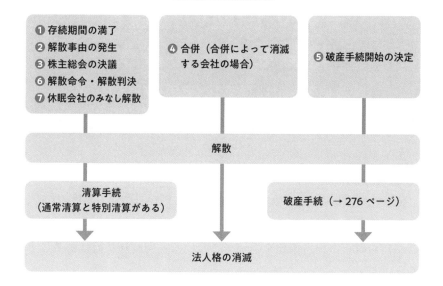

# 会社の倒産の種類と特徴をおさえよう

法的な倒産手続は、清算型（破産・特別清算）と
再建型（民事再生・会社更生）に分かれる

## ● 会社の倒産とは

　倒産とは、法律用語ではなく、経済用語に近い言葉です。そのため、法律上明確な定義があるわけではありませんが、一般的には、債務者が自ら負っている債務を返済できなくなった経済状態にあることをいいます。

## ● 会社の倒産には2つのタイプがある

　会社が倒産状態になったときには、会社は、経営者の判断や、または経営者の意向とは別に債権者が裁判所に申し立てることなどにより、会社を**清算**する（たたむ）ための手続か、または逆に**再建**するための手続か、の2つのタイプのどちらかに移行します。

　この2つのタイプにも、それぞれいくつかの手続があります。

---

❶清算型手続…「破産」・「特別清算」

❷再建型手続…「民事再生」・「会社更生」・「私的整理」・「事業再生 ADR」など。

---

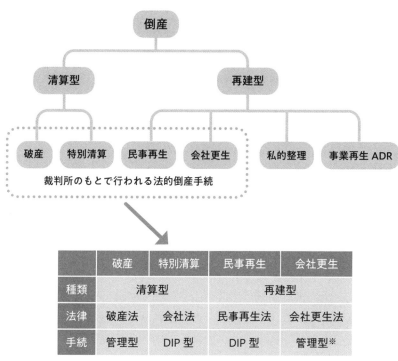

## 倒産の種類

| | 破産 | 特別清算 | 民事再生 | 会社更生 |
|---|---|---|---|---|
| 種類 | 清算型 | | 再建型 | |
| 法律 | 破産法 | 会社法 | 民事再生法 | 会社更生法 |
| 手続 | 管理型 | DIP型 | DIP型 | 管理型※ |

※管理型が多いが、DIP型会社更生も一定数ある。

　このうち、**会社法に規定があるのは特別清算だけで**、その他の手続は、特別の法律がその内容を定めています。たとえば、破産であれば破産法が、民事再生であれば民事再生法が、会社更生であれば会社更生法が定めています。

　また、破産・特別清算・民事再生・会社更生は裁判所が関与する手続（法的倒産手続・法的整理）なのに対し、私的整理・事業再生ADRは裁判所の関与がない裁判外の手続（私的倒産手続・私的整理）

という点で、違いがあります。

　さらに、法的倒産手続は、債務者の財産や事業について、手続の開始によってその管理処分権や経営権を債務者が失い、裁判所が選任する管財人がそれらの権利を管理等する「管理型」の手続と、手続の開始によっても債務者自身がその管理処分権や経営権を引き続き持つ「DIP（debtor-in-possession）型）」の手続とに分かれます。破産と会社更生は「管理型」であり、特別清算と民事再生は「DIP 型」です。

## ● 清算型の倒産手続〜破産・特別清算

　**破産**とは、債務者が支払不能または債務超過の状態にある場合に、裁判所が選任された破産管財人（通常は弁護士）が、裁判所の監督の下、債務者の資産を売却するなどして金銭化し、その金銭を債権者に配当する形で清算を行う手続です。

　破産は、法的倒産手続の中で最も利用件数が多く、中心的な手続といえます。

　**特別清算**とは、清算をする株式会社の清算の遂行に著しい支障を来すべき事情がある場合か、または債務超過の疑いがある場合に、**裁判所の監督のもとで行われる、特別の清算手続**です。特別清算は、すでに説明した通常清算の特別手続として、会社法に規定されています。特別清算の事務を遂行するのは、通常清算の場合と同様に、清算人です。

　特別清算は、債権者に対する弁済が、「協定」という決まり事によって行われ、この協定は、債権者集会における一定割合の同意と裁判所の認可を得て初めて効力を生じるため、**特別清算の成否は結局、**

## 破産における中心的手続

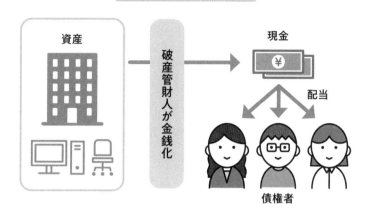

協定に賛成する一定割合以上の人数と債権額の債権者を集められる**か**がカギとなります。

## ● 再建型の倒産手続〜「民事再生」・「会社更生」ほか

**民事再生**とは、経済的に窮境にある債務者が、債権者の多数の同意を得、かつ、裁判所の認可を受けた再生計画によって自らが負う債務の内容を変更（債務の減免、支払期限の猶予など）することで、債務者の事業の再生を図るための手続です。民事再生の手続のことを、再生手続といいます。

民事再生の手続は、実務上、中小企業を主な適用対象とする法律ですが、上場企業や大企業でも利用することは可能です（手続を利用できる債務者は、法人・個人全て含まれます）。

民事再生は DIP 型の手続であり、**手続開始後も債務者（会社の場合には、その取締役など）がその管理処分権や経営権を引き続き持ち**ますが、通常は、裁判所により監督委員が選任（弁護士が選任さ

れるのが通例）され、債務者は、裁判所および監督委員の監督のもとで、再建に向けた手続を進めることになります。

　**会社更生**とは、窮境にある株式会社について、債権者の多数の同意を得、かつ、裁判所の認可を受けた更生計画に基づいて、会社の再生を図る手続です。会社更生の手続のことを、更生手続といいます。

　**会社更生**は、**株式会社**にのみ認められる手続であり、また、担保権の行使が手続に組み込まれ制約を受ける（破産手続、更生手続では、担保権の行使は原則として手続外で自由に行使できます）など、厳格かつ強力な手続となっているため、主に規模の大きな会社が利用する手続です。

　会社更生は、必ず管財人が選任される管理型の手続であり、更生手続が開始されると、**更生会社の経営および財産の管理処分をする権限は、管財人に専属し、会社の取締役などの経営陣はその権限を失います**。実務上は、弁護士とともに、スポンサーから派遣された役員などが併せて管財人に選任される例（前者は法律管財人、後者は事業管財人と呼ばれます）が多いようです。

　また、事業管財人について、スポンサーから派遣された役員ではなく、更生会社の経営者がそのまま就任し、事業経営を継続させながら更生手続を進める、いわゆる DIP 型の会社更生手続という運用も認められており、その件数も、割合は高くはないものの、一定数は見られる状況です。

## ● 私的倒産手続〜再建型の「私的整理」「事業再生 ADR」

　以上、法的倒産手続における各手続を説明しましたが、再建型手続には、法的倒産手続以外にも、「私的整理」や「事業再生 ADR」

## 民事再生と会社更生の違い

**民事再生**
- 個人も法人も利用できる
- 手続開始後も、今までの経営陣がそのまま事業を行える

**会社更生**
- 利用できるのは株式会社のみ
- 手続開始後は、今までの経営陣は経営権を失う（例外あり）
- 選任された管財人が事業経営を行いながら更生手続を進める

　などの私的倒産手続がいくつかあります。

　**私的整理**とは、裁判所外で、かつ第三者の関与を前提とせずに、債権者・債務者間での協議による任意の合意に基づいて行われる倒産処理のことです。

　**事業再生 ADR** は、中立な専門家が第三者として関与する形で、関係者の協議・決議に基づいて事業の再生を図る裁判外の手続です。ADR は、「裁判外紛争解決手続（Alternative Dispute Resolution）」の略であり、ADR の手続は他にもいくつかありますが、事業再生 ADR はその中でもよく利用される手続です。

# 持分会社とは何だろう

# 持分会社とは何だろう

合名会社、合資会社、合同会社を合わせて持分会社という

## ●持分会社とは

ここまでは株式会社について説明をしてきましたが、会社法では、株式会社のほかに「**持分会社**（もちぶんがいしゃ）」という会社の形態も認めています。

株式会社の構成員は株主ですが、持分会社の構成員のことは**社員**といいます。PART 1 - 1のとおり、ここでいう「社員」とは従業員ではなく、持分会社の構成員、すなわちオーナーのことです。持分会社の社員としての地位のことを、**持分**といいます。

## ●持分会社の特徴とは

持分会社とは、株式会社と比較して、どのような特徴があるのでしょうか。

第1に、**持分会社では、1人の社員の持分は1つであって、出資した額の大小で持分の大小が変わるにすぎない**、ということです。この点、株式会社では、株式1つひとつの価値は原則として均一であり、それぞれの株主の権利の大小は、そうした株式をいくつ保有しているかによって決まるのとは対照的です。

第2に、**出資者である社員自身が業務執行に携わることが原則とされている**ことです。この点、株式会社では、株主と業務執行者（取

## 持分会社の特徴

❶ 1人の社員の持分（社員としての地位）は1つ

❷ 出資者である社員自身が業務執行に携わる

❸ 定款によって比較的自由に会社の内部関係を設計できる

▶ 規模が小さく、社員間の信頼関係が重要となる会社に適している

締役など）が分離することが原則であるのとは対照的です。

第3に、**持分会社では、株式会社よりも法律のルールで強制される規制が少なく、定款によって、比較的自由に会社の内部関係を設計することができる**ことがあります。

以上より、持分会社は、**原則として、規模が小さく、社員間の信頼関係が重要となる会社に適した会社形態**ということができます。

## ●持分会社の社員には2種類ある

持分会社の社員には、**無限責任社員**と**有限責任社員**の2種類があります。

まず、無限責任社員は、会社がその有する財産で債権者に債務を完済できなくなった場合に、会社の債務について、債権者に対し、債務が残る限り、残りの債務の全てについて限度なく責任を負う社員のことです。他方、有限責任社員は、会社がその有する財産で債権者に債務を完済できなくなった場合に、会社に出資すべき額を限度として責任を負う社員のことです。

## ●持分会社には3種類ある

持分会社には、合名会社、合資会社、合同会社という3つの種類

の会社があります。

　このうち、**合名会社**は、無限責任社員だけからなる持分会社です。

　**合資会社**は、無限責任社員と有限責任社員の両方からなる持分会社です。

　**合同会社**は、有限責任社員だけからなる持分会社です。


　合名会社、合資会社は、その数は少なく、また、社歴の古い会社が多く、最近新設されることは少ないです。

　他方、合同会社は会社法の施行（2006年）と同時に新設された会社形態ですが、比較的規模の小さなベンチャー企業、外国企業の日本法人、証券化の場合の受け皿会社など、さまざまな目的で利用されています。


## ● 合同会社の特徴

　合同会社は、有限責任社員のみからなる会社ですが、合同会社の場合は、社員は自らが社員になる前に、出資全額の履行をしなければなりません。

　したがって、合同会社の社員は、社員になる前に全額出資の義務を履行している限り、会社債権者に対して弁済する責任を負うことはありません。

　合同会社では、定款に別の決まりを設けない限り、**各社員が自ら会社の業務を執行するのが原則**です。また、業務執行の決定については、定款に別の決まりを設けない限り、社員の過半数で決定します（社員は、その出資金額の大小にかかわらず、1人1票の権利を平等に持ちます）。

　合同会社では、原則として、業務を執行する社員は、会社の代表

## 合同会社

合同会社

出資

業務執行

会社代表権

出資金額に
かかわらず、
1人1票の
権利を持つ

持分　持分

全員が有限責任社員

他の社員全員の
承諾がなければ
持分の譲渡不可

✕

権を持ちます。ただし、定款で、業務を執行する社員の中から代表
社員を定めることができます。

　合同会社では、株式会社とは異なり、**決算公告は不要**です。

　合同会社の社員がその持分を譲渡するには、他の社員全員の承諾
が必要です。ただし、業務を執行しない社員の持分の譲渡は、業務
執行社員全員の承諾が必要となります。

　合同会社の社員は、一定の場合、会社から退社することができます。
その場合、会社財産から持分の払戻しがなされます。

# ● 索引

【著者紹介】

## 川井 信之 （かわい・のぶゆき）

◉──川井総合法律事務所代表。弁護士・ニューヨーク州弁護士。

◉──1994年東京大学法学部卒業、同年東京ガス株式会社入社。1998年弁護士登録、柏木総合法律事務所入所。2003年ニューヨーク大学ロースクール卒業（LL.M.）、2004年ニューヨーク州弁護士登録。日比谷パーク法律事務所、弁護士法人曾我・瓜生・糸賀法律事務所（現・弁護士法人瓜生・糸賀法律事務所）（パートナー）を経て、2011年、川井総合法律事務所を開設。第一東京弁護士会所属。

◉──取扱分野は、①企業法務全般（会社法〈株主総会対応、役員責任、M＆A等〉、コーポレート・ガバナンス、不祥事対応・危機管理、労働法、その他民商事全般）、②訴訟・裁判・その他紛争解決、③国際取引など。

◉──主な著書に『実務対応 新会社法Q&A』（共著、清文社）、『株式交換・株式移転の法務』（編著、中央経済社）、『新旧対照でわかる 改正債権法の逐条解説』（共著、新日本法規）などがある。

## 手にとるようにわかる会社法入門

2021年2月1日　　第1刷発行
2021年6月1日　　第3刷発行

著　者──川井　信之
発行者──齊藤　龍男
発行所──株式会社かんき出版
　　　　　東京都千代田区麴町4-1-4 西脇ビル　〒102-0083
　　　　　電話　営業部：03（3262）8011代　編集部：03（3262）8012代
　　　　　FAX　03（3234）4421　　　　振替　00100-2-62304
　　　　　https://kanki-pub.co.jp/
印刷所──新津印刷株式会社